Karin Grütter / Annamarie Ryter
Stärker, als ihr denkt

Die Autorinnen:

Karin Grütter, geboren 1958 in Solothurn, und Annamarie Ryter, geboren 1957 in Bern, haben in Basel Germanistik und Geschichte studiert. Ihr Schwerpunkt war Frauengeschichte im 19. Jahrhundert. Karin Grütter ist heute als Krankenschwester tätig, Annamarie Ryter war Lehrerin an einem Gymnasium und arbeitet derzeit an einem regionalgeschichtlichen Forschungsprojekt.

›Stärker, als ihr denkt‹ ist das erste Jugendbuch der beiden Autorinnen. Es wurde 1989 mit dem Schweizer Jugendbuchpreis ausgezeichnet und erhielt im gleichen Jahr den Oldenburger Kinder- und Jugendbuchpreis.

Karin Grütter
Annamarie Ryter

Stärker, als ihr denkt

Ein Kapitel verschwiegener Geschichte

Deutscher
Taschenbuch
Verlag

Mit Nachwort, Quellenauszügen und Glossar

Ungekürzte Ausgabe, Anhang für die Taschenbuchausgabe
von Annamarie Ryter erweitert
Mai 1991
Deutscher Taschenbuch Verlag GmbH & Co. KG, München
© 1988 Verlag AARE, Solothurn
ISBN 3-7260-0312-6
Umschlaggestaltung: Celestino Piatti
Umschlagbild: Charlotte Panowsky
Gesetzt aus der Garamond 10/11
Gesamtherstellung: Ebner Ulm
Printed in Germany · ISBN 3-423-70227-3

»Warum weint ihr?«
»Weil man so schwer das Geld verdient.«
»Weint lieber über euer Pflichtvergessen und
Benehmen gegen das Kind.«

Anna E., Fabrikarbeiterin,
1852 vom Basler Strafgericht verurteilt wegen Kindstötung

1

Die Sonne war schon seit einiger Zeit untergegangen. In den Gassen herrschte ein fahles Licht, aus einzelnen Fenstern leuchteten die schwachen Schimmer der Petroleumlampen und zeichneten eckige Muster auf die Straßen. Der Himmel über dem Rhein war rötlich, fast violett gefärbt. Die meisten Geschäfte hatten bereits geschlossen. Ein einzelnes Fuhrwerk holperte über das Kopfsteinpflaster.

Doch davon hatte Lisa bisher nichts bemerkt. Sie war blindlings losgerannt, nur den einen Gedanken im Kopf: Denkt ja nicht, ihr könntet mich hindern, in die Fabrik zu gehen! Euch werde ich es zeigen!

Erst als Lisa an der Schifflände* vorüber war, verlangsamte sie ihren Schritt. Sie warf einen prüfenden Blick zurück. Erleichtert stellte sie fest, daß ihr weder Onkel noch Tante gefolgt waren. Überhaupt waren nur noch wenige Menschen unterwegs. Ein Nachtwächter zündete schon die Petroleumdochte der Lampen an. In der Sattelgasse traten ein paar Arbeiter aus dem Wirtshaus. Bestimmt hatten sie nach Feierabend noch ein Bier getrunken. Sie riefen einander ein paar Worte zu, die Lisa nicht verstehen konnte. Dann trennten sie sich.

Die können jetzt nach Hause . . . Lisa blickte den zielstrebig davonstapfenden Männern nach. Sie selbst wußte nicht, welche Richtung sie einschlagen sollte.

Nach Hause . . . – die zwei kleinen Wörter bereiteten dem Mädchen Unbehagen. In ihrer Wut hatte sie sich keinen Moment lang überlegt, wohin sie eigentlich wollte. Nur weg von Onkel und Tante, die ihr verboten, in der Bandfabrik zu arbeiten. Doch was nun? Wie ging es weiter? Bange Ratlosigkeit trat an die Stelle des nachlassenden Zorns. Wo sollte sie bloß hin, sie kannte ja niemanden!

* Wort- und Sacherklärungen ab S. 155

Zurück? Nein, kommt nicht in Frage. Dann lieber . . .
ja was lieber? Die ganze Nacht auf der Straße, mich in
einem schmutzigen Hinterhof, zwischen Abtritt und
Hühnerstall, verstecken, oder in einem Gebüsch unten
am Rhein? Mein Gott . . .!

Lisa spürte, wie langsam die Angst in ihr hochkroch.
Tante Margareths Geschichten fielen ihr ein:

»Auf offener Straße wurde er überfallen. Es war halt
schon dunkel. Zuerst haben sie ihn hinterrücks niederge-
schlagen und dann ausgeraubt. Bis aufs Hemd. Hat ja
noch Glück gehabt! Andere stehen nicht wieder auf. Die
findet man morgens mit einem Messer im Rücken. Irgendwo in einem Straßengraben, manchmal auch im
Rhein. Und den Frauen drohen noch ganz andere Dinge . . . Nach Einbruch der Dunkelheit muß man mit
allem rechnen!«

Lisa schauderte. Ängstlich blickte sie sich um. Wie fin-
ster es bereits war! Die Petroleumlaternen erhellten die
Straßen nur schwach. Manche Nische blieb düster. Ein
leichtes, sich zu verbergen, um in einem günstigen Augenblick einen späten Heimkehrer zu überrumpeln. Wie
recht sie doch hatten, die Leute, die für Basel Gaslater-
nen forderten! Ihr kräftiger Schein würde die Winkel
und Gassen besser ausleuchten, man könnte sich sicherer
fühlen.

Bei etwas mehr Licht wäre mir wohler. Dieser große
hagere Mann dort drüben. Er könnte mich unbemerkt in
eine stockdunkle Seitengasse schleppen, und niemand
hätte etwas gesehen . . .

Lisa beschleunigte ihren Schritt, mit beiden Armen
preßte sie ihr Bündel wie zum Schutz fest an ihren Körper. Der weite, verlassen daliegende Marktplatz kam ihr
unheimlich vor. Hier, wo sie sich am Tage so sicher zwischen den Gestellen der Marktfrauen hindurchbewegte,
begannen ihre Knie zu zittern.

»Tap, tap, tap.«

Was war das? Klang das nicht nach Schritten dicht

hinter ihr? Folgte ihr jemand? Dieser großgewachsene Mann, an dem sie eben vorübergegangen war? Erschrocken blieb Lisa stehen und hielt den Atem an. Aber nun hörte sie nichts mehr. War der Mann auch stehengeblieben? War da überhaupt jemand? Nach einigen Sekunden angstvollen Horchens nahm Lisa ihren ganzen Mut zusammen und drehte sich um. Weit und breit war keine Menschenseele zu entdecken, einzig eine magere Katze schlich sich zum Brunnen hinüber. Lisa fuhr sich mit der rechten Hand über die Augen. Es mußten ihre eigenen Schritte gewesen sein, die sie erschreckt hatten. Eigentlich wünschte sie sich in diesem Augenblick nichts anderes als umzukehren. Ein Dach über dem Kopf, vier Wände um sich, eine Tür, die sich verriegeln ließ.

Vielleicht könnte ich doch noch mit Onkel und Tante reden, vielleicht ist es möglich, daß wir uns einigen? Wenn ich ihnen alles noch einmal ganz genau erkläre . . .

Lisa zögerte.

Doch zuerst müßte ich mich vor die Wohnungstüre stellen, bitten und betteln, daß sie mich einlassen und anhören. Nein, das kann ich nicht! Dann doch lieber an unbekannte Türen klopfen und hoffen, bei wildfremden Leuten einen Schlafplatz zu finden.

Lisa legte ihr Bündel auf eine niedrige Bank und lehnte sich gegen den Brunnenrand. Erschöpfung und Ratlosigkeit zeichneten ihr rundes Gesicht. Einige Strähnen der hochgesteckten braunen Zöpfe hatten sich beim schnellen Lauf gelöst und fielen ihr unordentlich in den Nakken. Die weite Baumwollbluse hing schief an ihren knochigen Schultern, ein Knopf fehlte. Auch die helle Schürze, die Lisa über einem einfachen, knöchellangen Rock trug, war verrutscht. Die Kleider schienen ihr nicht richtig zu passen. Mit ihren fünfzehn Jahren war Lisa ein mageres, hochaufgeschossenes Mädchen, weder Kind noch erwachsene Frau, das die weiten Kleidungsstücke nicht ausfüllte.

Gedankenverloren tauchte Lisa die Hand in den Brunnen und ließ sich die Wassertropfen über die Finger rinnen. Noch einmal langte sie hinein und benetzte Stirn, Wangen, Mund und Kinn. Die Erfrischung tat gut. Langsam legten sich Unruhe und Angst.

Unwillkürlich tauchten Bilder auf: Das tägliche Wasserholen am Clarabrunnen. Zusammen mit anderen Frauen, die alle ihre schweren Holzzuber füllten und sich dabei Neuigkeiten weitergaben, ihre Sorgen und Nöte miteinander besprachen und zwischendurch auch immer wieder einen Spaß zu machen wußten. Ob ihr eine von ihnen helfen würde? Sie kannte keine näher, schließlich lebte sie erst wenige Monate in Basel. In Gedanken ging Lisa die Gesichter ihrer Bekannten durch.

Verena oder Maria, vielleicht besser Sophia oder doch eher Hanna . . .? Wenn ich plötzlich vor der Tür stehe und um einen Schlafplatz bitte . . . Vielleicht bringen sie mich sofort zur Tante zurück? Sie wohnen alle im gleichen Stadtviertel und kennen Tante Margareth besser als mich. Womöglich verurteilen sie mein Weggehen und werfen mir Undankbarkeit vor! Die meisten werden sich auf die Seite der Tante stellen! Und überhaupt, wer hat schon die Möglichkeit, mich aufzunehmen. Frauen, mit mehreren Kindern neben sich im Bett, Dienstmädchen, Rücken an Rücken mit der Kollegin auf einem Strohsack . . .

Plötzlich erhellte sich Lisas Gesicht: Natürlich! Daß ich nicht schon lange an sie gedacht habe. Bestimmt wird sie mir helfen können!

Lisa hob ihr Bündel auf und ging über den Marktplatz der Freien Straße zu. Ihre Schritte traten nun fester auf das Pflaster, den Kopf trug sie höher.

Noch bevor Lisa die große, vornehme Villa erkennen konnte, fielen ihr die Kutschen am Straßenrand auf. Die Pferde waren noch eingespannt, einige bewegten sich unruhig, so daß das Geschirr leise klirrte. Kein Mensch schien sich um die Tiere und Gespanne zu kümmern.

Lisa wunderte sich. Die paar wenigen reichen Bauernfamilien in ihrem Dorf, die Pferde besaßen, hatten die Tiere nie länger als nötig eingespannt gelassen. Und dabei waren jene Rosse mit diesen kraftvollen, eleganten Pferden nicht zu vergleichen.

Prüfend warf Lisa einen Blick durch das Tor. Ja, sie befand sich am richtigen Ort: Es war das Gebäude, das ihr ihre Bekannte vor kurzem gezeigt hatte. Sie stellte ihr Bündel auf den Boden, rückte die Bluse zurecht und zupfte hier und dort am Rock. So einfach, wie sie es sich vor einer Viertelstunde vorgestellt hatte, fiel es ihr nun doch nicht: Durfte sie wirklich unter diesem Torbogen hindurch auf die erleuchteten Fenster zugehen? Die Herrschaften schienen Gäste zu haben. Was, wenn sie mit ihrer einfachen Kleidung mitten in die Einladung platzte? Wie sollte sie ihre Lage am besten erklären, wenn ihr die reiche Frau Doktor die Tür öffnete? Würde ihre Bitte nicht als so frech gelten, daß sie sie gar nicht erst anhörte? Lisa fühlte sich immer unsicherer. Sie mußte ihren ganzen Mut zusammennehmen, als sie nun durch den Innenhof auf die große Pforte zuschritt.

»Dingdong!«

Die Hausglocke dröhnte mächtig und laut durch die leise aus den Fenstern dringenden Klavierklänge, viel zu laut, fand Lisa. Es dauerte nur ein paar Sekunden, bis sich die schwere Pforte öffnete. Doch keine vornehme Dame stand im Rahmen, sondern eine junge Frau in Schürze und Häubchen, kaum älter als Lisa selbst. Sie starrte den Gast verwundert und nicht eben freundlich an.

»Wir brauchen nichts und niemanden. Siehst du nicht, daß wir eine Gesellschaft geben? Verschwinde sofort, Arbeit findest du hier ohnehin keine, wir sind schon fünf.«

Schon wollte die junge Frau den Türflügel wieder zuschieben, als Lisa rasch rief:

»Ich will ja keine Arbeit, ich möchte jemanden besuchen.«

»Besuchen?« Der Türspalt wurde wieder breiter. »Sagtest du besuchen?«

»Arbeitet hier nicht eine Kathrin . . . eh . . . Katharina Gysin aus Reigoldswil?«

Die Frau musterte Lisa verdutzt von oben bis unten, blickte hastig über die Schultern zurück, schloß die Tür bis auf einen kleinen Spalt und begann zu kichern.

»Du gefällst mir. Kommst abends um zehn Uhr zum Haupteingang der Villa Sarasin und willst das Dienstmädchen besuchen. Meinst du etwa, das würden die Herrschaften erlauben, noch dazu, wenn wir arbeiten sollten und die Familie wichtige Gäste im Haus hat? Geh morgen früh auf den Marktplatz, dort wirst du Katharina treffen, wenn sie Gemüse einkauft. Und jetzt verschwinde, du störst hier nur.«

Die junge Frau schüttelte den Kopf, sie lachte noch immer.

»Bitte«, flehte Lisa, »mir ist nicht nach Lachen. Meine Dienstleute haben mich vor zwei Stunden auf die Straße gesetzt, und ich weiß nicht, wo ich heute nacht schlafen soll. Ich kenne sonst niemanden in Basel, der mir helfen könnte, außer Katharina.«

»Maria, was ist denn los . . .«, erklang eine hohe, gereizte Stimme. »Unsere Gäste warten!«

»Ich komme gleich, Frau Doktor.« Das Mädchen stand einen Moment lang unschlüssig da – dann flüsterte sie Lisa zu: »Paß auf, lauf hier dem Haus entlang nach hinten. Auf der Hinterseite des Hauses findest du eine Türe mit einem Fenstereinsatz. Das ist der Dienstboteneingang. Warte dort in der Nähe hinter einem Gebüsch. Ich werde inzwischen versuchen, Katharina von dir zu erzählen. Aber laß dich ja nicht erwischen, und erwähne weder Katharina noch mich, das könnte uns die Stelle kosten.«

»Maria, ich habe dir doch eben gesagt . . .« Die Stimme überschlug sich fast vor Ärger.

Maria zwinkerte Lisa rasch zu.

12

»Die Alte«, zischte sie respektlos. Die Tür fiel ins Schloß.

Plötzlich vernahm Lisa immer lauter werdendes Hufgetrappel. Erschrocken sah sie eine Kutsche zum Gittertor einbiegen. Hastig nahm die Ausreißerin ihr Bündel und drückte sich der Hauswand entlang unter den hohen Fenstern durch in die Dunkelheit. Als sie die Hausecke erreichte, atmete sie erleichtert auf. Sie erkannte sogleich die beschriebene Tür. Hinter der millimetergenau geschnittenen Hecke, etwa zehn Meter vom Haus entfernt, versteckte sie sich. Dort konnte sie nicht gesehen werden. Lisa begann zu warten.

Es mochte eine Dreiviertelstunde vergangen sein. Lisa wickelte ihren Schal fest um die Schultern, sie fror. Tagsüber wärmte die Sonne schon ziemlich stark, nachts aber spürte man, daß der Sommer noch nicht richtig angefangen hatte. Das Mädchen saß hinter der Hecke auf dem Rasen. Sie spürte, wie die Kälte des Bodens sich auf ihren Körper übertrug und wie die Fuß- und Kniegelenke durch die angespannte, reglose Haltung immer steifer wurden. Die ganze Zeit über hatte Lisa geduldig gewartet und den Dienstboteneingang nicht aus den Augen gelassen. Aber nichts rührte sich. Leise Zweifel stiegen in ihr hoch.

Ob das Dienstmädchen an der Tür ihr Versprechen hielt und Katharina erzählte, daß sie, Lisa, hier im Garten wartete? Oder wollte Katharina ihr nicht helfen?

Da – die Tür öffnete sich, und ein schmaler Lichtstreifen fiel quer über die Blumenrabatten und den Kiesweg. Lisa erkannte die dunkle Gestalt, die durch die Öffnung huschte, sofort.

»Kathrin«, rief sie leise und erhob sich. Kathrin schaute zu ihr hin und bedeutete dem Mädchen mit einem Handzeichen, sich wieder hinter der Hecke zu verbergen. Eine Minute später kauerte sie neben Lisa.

»Du bringst mich ja schön in Verlegenheit«, begann

Kathrin wenig herzlich. »Was stellst du dir eigentlich vor, um zehn Uhr abends am Haupteingang nach mir zu fragen? Das hätte mich die Stelle kosten können!«

Einen Moment lang richtete sich Katharinas Blick ganz nach innen, ihre ausdruckslosen Augen schienen durch Lisa hindurchzuschauen. Die schlimme Zeit vor zwei Jahren war ihr ganz nahe: Wieder auf der Straße stehen, wie damals, als sie es im Dorf nicht mehr ausgehalten hatte. Die Angst vor dem nächsten Tag, das letzte Stück Brot, das sie in die Hand nahm, mit knurrendem Magen betrachtete und dann vernünftigerweise doch wieder ins Bündel zurückstopfte. Der erniedrigende Gang von Haustür zu Haustür. Bedauerndes Kopfschütteln, ein mitleidiges Lächeln oder unwillige, herablassende Worte. »Nein, wir brauchen niemanden.« Nie mehr wollte sie das erleben! Was wußte Lisa denn schon vom Leben. Behütet und aufgehoben war sie bei der Tante!

»Meinst du eigentlich, ich kann einfach Besuche empfangen? Bist du so frech oder so einfältig? Und überhaupt, was erwartest du von mir? Aus dem, was Maria erzählt hat, konnte ich nicht klug werden.«

Lisa antwortete hastig und versuchte sich zu verteidigen. »Ich hatte einen Riesenkrach mit Onkel und Tante, weil . . . weil ich in der Bandfabrik arbeiten will und morgen dort anfange. Onkel Walter hat mich rausgeschmissen.« In Wirklichkeit war sie ja abgehauen, aber bestimmt hatte Kathrin dafür wenig Verständnis.

»Und wohin soll ich sonst gehen? Ich kenne niemanden außer dir. Und weil du immer erzählt hast, wie nett deine Herrschaften sind, dachte ich, sie nehmen mich vielleicht für eine Nacht lang auf.«

Kathrin schüttelte über so viel Dummheit den Kopf; Lisa war doch wirklich noch ein Kind. So konnte nur jemand reden, der noch nicht in der Welt herumgekommen war. Ausgerissen war sie also, und nun hatte sie Angst gekriegt. Was ging sie das Mädchen an? Nur weil sie beide im gleichen Dorf aufgewachsen waren, sollte sie ihre Stelle aufs Spiel setzen? Sollte Lisa doch selber schauen, wie sie sich durchschlagen konnte. Ihr hatte auch niemand geholfen, damals.

Kathrin hob gerade zum Sprechen an, als ihr Blick den flehenden Augen Lisas begegnete. Warum schaute sie nur so? Nervös zerrieb Kathrin einige ausgerupfte Grashalme zwischen den Fingern.

»Also, hör zu – ausnahmsweise, nur ausnahmsweise kannst du heute hierbleiben und bei mir im Bett übernachten. Es darf dich aber niemand sehen. Sonst können wir beide zusammen eine neue Unterkunft suchen, das verspreche ich dir. Ich gehe jetzt zum Küchenmädchen und ziehe sie ins Vertrauen. Barbara wird uns nicht verraten. Wenn ich dir winke, kommst du zur Tür und stellst dich dicht hinter mich. Ich werde aufpassen, daß unten niemand auftaucht. Inzwischen zeigt dir Barbara den Weg.«

Lisa fiel ein Stein vom Herzen. Strahlend nickte sie. Sie war mit allem einverstanden. Wenn sie nur bleiben durfte!

Kurze Zeit später führte die blonde Barbara Lisa an der Küche vorbei, die schiefe Hintertreppe hoch bis unter das Dach. Dort öffnete sie eine kleine Türe.

»Bleib hier und sei leise. Niemand darf dich hören. Ich hole dir im Wäschezimmer eine Decke«, flüsterte Barbara.

Überglücklich dankte ihr Lisa, dann betrat sie das Zimmer. Neugierig sah sie sich um.

In der schmalen Kammer standen zwei Betten, am Fußende je ein Stuhl und an der abgeschrägten Wand gegenüber eine alte, dunkle Kommode mit abgeschlagenen Ecken. Auch die übliche Waschschüssel mit dem Wasserkrug und der Nachttopf fehlten nicht. Durch das winzige Fenster erblickte Lisa ein Stück des schwarzen Nachthimmels.

Sie löste die Schnürsenkel, legte sich auf das Bett und räkelte sich. So wohltuend hatte sie Bett und Kammer noch nie empfunden. Sie war todmüde und konnte doch nicht einschlafen. Eindrücke und Gedanken wirbelten ihr durch den Kopf. Am Morgen dieses Tages hatte sie verschiedene Bandfabriken aufgesucht, kurz mit einem Vorarbeiter gesprochen und die Zusage erhalten, als Zettlerin anfangen zu können. Am Abend dann der Streit mit Onkel und Tante, die Flucht. Und nun schlief sie auf dem Dachboden einer herrschaftlichen Villa, ohne daß die Besitzer davon wußten. Ob sich die Tante wohl Sorgen machte? Was würden Vater und Mutter sagen? Und nicht auszumalen, was geschehen wäre, wenn Kathrin sie abgewiesen hätte! Lisa war ihr sehr dankbar. Allerdings hatte sie sich das Leben ihrer Bekannten in der Villa Sarasin ganz anders vorgestellt . . . Hatte ihr Kathrin nicht vor zwei Monaten erzählt, sie sei schon beinahe zum Liebling der Frau Doktor geworden?

Damals bei ihrer ersten Begegnung auf dem Marktplatz hatte Lisa eben frisches Gemüse eingekauft. Der Korb wog schwer. Das Geflecht des Henkels drückte in das Fleisch des Unterarms. Der kleine Ernst zerrte ungeduldig an ihrer Hand. Der Junge quengelte schon den ganzen Morgen, und sie hatte ihre liebe Mühe mit ihm.

Ehe Lisa in die Sporengasse einbog, stutzte sie plötzlich. Vor dem Schaufenster der Buchbinderei Fenner-Matter stand eine Frau, die sie von irgendwoher kannte. Dieses Profil mit der Stupsnase und dem energischen Kinn . . . Waren sie sich vielleicht beim täglichen Wasserholen am Brunnen begegnet? Nein, ihre Kleinbasler Bekannten trugen nie Röcke aus diesem teuren, festen Stoff. Und der Hut wirkte fast damenhaft!

Dann entsann sich Lisa.

»Kathrin!« rief sie laut über den Platz, so daß sich alle Leute in ihrer Nähe umdrehten. Und noch einmal: »Kathrin.«

Die Frau wandte den Kopf und musterte Lisa verwundert von oben bis unten. Ihrem Gesicht war anzusehen, daß sie das Mädchen nicht gleich erkannte. Endlich erhellte sich Kathrins Miene.

»Lisa, du? Was machst du denn in Basel?«

Die beiden Mädchen schüttelten sich die Hände. Sie hatten ihre übervollen Körbe auf das Pflaster gestellt.

»Seit einem Monat wohne ich bei meiner Tante in Kleinbasel und helfe ihr im Haushalt. Mutter meinte, es sei für mich Zeit, von zu Hause wegzukommen, und da meine Tante mit drei kleinen Balgen und ihrer Arbeit als Näherin alle Hände voll zu tun hat, wurde beschlossen, mich nach Basel zu schicken. – Aber sag«, Lisas Stimme verriet ihre Neugier, »was ist denn in der Zwischenzeit aus dir geworden?«

»Ich bin als Dienstmädchen bei Sarasins angestellt«, entgegnete Kathrin hochnäsig. »Ich nehme an, die Familie Sarasin ist dir ein Begriff, sie ist eine der reichsten in der Stadt. – Im übrigen bin ich es nicht mehr gewohnt, Kathrin gerufen zu werden. Meine Herrschaft nennt mich Katharina.«

Lisa staunte. Nie hätte sie erwartet, daß Kathrin es so weit bringen würde. Nach dem, was in Reigoldswil vorgefallen war.

»Weißt du denn, wie man sich unter so vornehmen Leuten benehmen muß?« fragte sie mit großen Augen. »Wie bist du überhaupt zu dieser Stelle gekommen?«

Kathrin lachte.

»Ich kannte eines der anderen Dienstmädchen – wir sind zu fünft – sie hat mich empfohlen. Und dann habe ich oft die feinen Damen beobachtet. Ich weiß durchaus, wie ich einen guten Eindruck erwecken kann.« Sie blinzelte Lisa zu und strich sich mit einer koketten Geste den Rock glatt. »Inzwischen bin ich schon fast zum Liebling der Frau Doktor geworden. Sie schenkt mir ab und zu eines ihrer Kleider. Gestern erst meinte sie, sie würde mich gerne zur Köchin ausbilden.«

Lisa kam aus dem Staunen nicht mehr heraus. Kathrin aus Reigoldswil, der man eine so ungute Zukunft vorausgesagt hatte, war der Schützling einer der reichsten Damen in Basel geworden. Wenn das Lisas Eltern wüßten und all die anderen im Dorf! Neben der selbstbewußten Kathrin fühlte sie sich mit einemmal befangen.

Lisa hatte kaum ein »Auf Wiedersehen« über die Lippen gebracht, so sehr war sie vom sicheren Auftreten Kathrins beeindruckt gewesen. Ihr eigenes Leben als Dienstmagd bei Onkel und Tante, einer armen Posamenterfamilie, war ihr auf dem Heimweg schrecklich unbedeutend und langweilig vorgekommen. Es konnte bestimmt einem Vergleich mit dem, was Kathrin in der herrschaftlichen Villa tagtäglich erlebte, keinen Augenblick lang standhalten. Und überdies erhielt Kathrin jede Woche ein paar Franken Lohn und durfte an ihren freien Tagen tanzen gehen, so hatte sie ihr berichtet.

Eigentlich hatte an jenem Tag alles begonnen, überlegte Lisa, als sie, eingekuschelt in eine warme Wolldecke, in Kathrins Bett lag. War es nicht jene Begegnung, die ihre anfänglichen Träume vom aufregenden Leben in der Stadt wieder wachgerufen hatte? Damals hatte sie zum erstenmal mit dem Gedanken gespielt, ihre Verwandten zu verlassen und sich nach besserer Arbeit umzusehen.

Die beiden Mädchen waren sich ein weiteres Mal auf dem Markt begegnet, und da hatte Kathrin Lisa zum Herrschaftshaus der Sarasins geführt.

Nun, ganz so rosig, wie Lisa damals geglaubt hatte, sah das Leben ihrer Bekannten wohl doch nicht aus. Ein wenig übertrieben hatte sie schon. Lisa spürte den Strohsack, auf dem sie lag. Genauso hart wie bei Onkel und Tante. Und doch . . .

»Mit Kathrin wird es ein schlimmes Ende nehmen«, hatten Lisas Eltern immer wieder gesagt. Sie hatten damit die Meinung der Dorfmehrheit von Reigoldswil geteilt und Lisa verboten, Kathrin auf der Straße zu grüßen. Im ganzen Dorf war sie als Hure verschrien gewesen, als hochmütige und schamlose Person. Alle mieden sie. Lisa hatte nicht vergessen, was Kathrin damals vor zwei Jahren nachgesagt wurde.

Angefangen hatte es damit, daß Erwin, ein Schustergeselle, von einem Tag auf den anderen aus Reigoldswil verschwunden war. Niemand hatte seine Abreise bemerkt, und keiner wußte, wohin er gegangen war. Kathrin und Erwin galten im Dorf so gut wie verlobt; es war bekannt, daß er mehrmals nachts zu ihr ins Zimmer gestiegen war. Dagegen hatte niemand etwas einzuwenden, auch Kathrins Eltern nicht. Sie waren mit dieser Verbindung einverstanden und ließen die jungen Leute gewähren. Schließlich war es üblich, daß die Verlobten zuerst ausprobierten, ob auf Nachkommenschaft zu hoffen war. In die Kirche konnte man noch lange gehen, auch wenn der Bauch sich schon wölbte. Der Pfarrer mochte wettern, so viel er wollte, das war seit Jahrhunderten so.

Als Erwin nun verschwunden war, erwartete man, daß Kathrin nach ihm suchen ließ. Die Knabenschaft des Dorfes bot ihr an, den Treulosen aufzuspüren und an das Eheversprechen zu erinnern. Nötigenfalls würde es eine gehörige Tracht Prügel absetzen, nach einer solchen Lektion war schon mancher einsichtig geworden. Aber Kathrin wollte davon nichts wissen; im Gegenteil, sie schien erleichtert, daß sie Erwin losgeworden war. An einer Heirat lag ihr nichts, das gab sie ganz offen zu.

Damit war sie aber bei den Leuten im Dorf auf Mißbilligung gestoßen. Kathrin hatte sich mit Erwin eingelassen, also sollte sie ihn jetzt auch heiraten. Man mußte eben miteinander auskommen und sich abfinden, auch wenn die erste Verliebtheit nicht lange angehalten hatte. Schließlich war es den meisten nicht anders ergangen. Darum hatte sich auch Kathrin an diese Regeln zu halten, so hieß es im Dorf. Wenn sie geglaubt hatte, sich darüber hinwegsetzen zu können, so wurde sie in den folgenden Wochen eines Besseren belehrt. Das anfängliche Mitleid verwandelte sich schnell in Verachtung. Man munkelte, Kathrin werde schon ihre Gründe haben, wenn sie den Schustergesellen einfach ziehen ließ. Einige wollten wissen, daß Erwin nicht Kathrins einziger Geliebter gewesen sei, und so hatte das Gerede seinen Lauf genommen. Die Gutwilligeren warfen ihr Hochmut vor, viele aber brachten ihre Geringschätzung mit übleren Worten zum Ausdruck. Manche beschimpften das Mädchen bald als Hure. Kathrin konnte sich in Reigoldswil kaum mehr blicken lassen. Die Leute mieden sie wie eine Aussätzige, die Kinder begannen mit Fingern auf sie zu zeigen und ihr wüste Reime nachzurufen. Ihr blieb nur eine Möglichkeit, der Verachtung und dem Gespött zu entfliehen: dem Dorf den Rücken zukehren, um anderswo, wo niemand sie kannte, ein neues Leben anzufangen.

Lisa erinnerte sich noch genau, wie ihr die Eltern Kathrin als warnendes Beispiel vorgehalten hatten. Heimlich hatte sie die Ältere bewundert. Brauchte es nicht großen Mut, allein in eine fremde Stadt zu ziehen, ohne zu wissen, was aus einem werden sollte?

Jetzt war sie also Dienstmädchen bei Sarasins, und Lisa wunderte sich noch immer, daß Kathrin das geschafft hatte. Denn bis heute war ihr unklar, was sie von dem Gerede in Reigoldswil halten sollte.

Lisa wurde immer schläfriger. Bestimmt hatte sie schon über eine Stunde wach gelegen. Im Moment fühlte sie sich sicher, sie hörte keine verdächtigen Geräusche, niemand schien ihre Anwesenheit in der Villa Sarasin bemerkt zu haben. Wenn sie jedoch an den nächsten Morgen dachte ... Fest stand nur, daß sie probeweise als Zettlerin in der Bandfabrik arbeiten würde. Ob sie aber bleiben konnte ...? Das hing von ihren Leistungen ab. Und wo sie die nächste Nacht verbringen würde, ja, das wußte vielleicht nicht einmal der liebe Gott.

2

Lisa steht an einem riesigen Webstuhl in einem großen, weitläufigen Fabrikgebäude. Hinter ihr haben sich im Halbkreis eine Schar fremder Frauen und Männer versammelt, die sie aufmerksam beobachten. Bei jedem Fehler, der ihr unterläuft, verziehen alle skeptisch die Gesichter und flüstern leise miteinander. Lisa spürt die Blicke wie Messerspitzen im Rücken. Sie arbeitet an einem Seidenband. Da, schon wieder ist der blaue Seidenfaden auf der rechten Seite gerissen! Mit zittrigen Fingern verknüpft sie hastig die beiden Enden miteinander. Wertvolle Zeit geht dabei verloren. Wie soll sie es schaffen, ein zehn Meter langes Seidenband herzustellen, wenn das so weitergeht? Das Gemurmel hinter ihrem Rücken nimmt zu, die Stimmen werden lauter und tönen immer gereizter: »Also so etwas von ungeschickt ...«

». . . hat zwei linke Hände, dieses Mädchen . . .«

». . . vom Posamenten keine Ahnung . . .«

Solche Satzfetzen dringen an Lisas Ohr, und als sie einen Blick über ihre Schulter wirft, starren ihr feindselige Fratzen entgegen. Lisa möchte sich verteidigen, erklären, die Menschen auffordern, sie in Ruhe arbeiten zu lassen! Doch kein Wort kommt über ihre Lippen. Angst und Wut schnüren ihr die Kehle zu.

»Lisa, was ist denn mit dir los?« Kathrin schüttelte sie an den Schultern. »Hast du schlecht geträumt, oder fehlt dir etwas? Dieser Schrei! Da wird ja das ganze Haus wach!«

»Ich, was, wo bin ich denn?«

Erst allmählich wurde Lisa klar, daß sie nicht in der Fabrik stand, sondern in Kathrins warmem Bett lag.

»Du hast geschrien, wie wenn es dir ans Leben ginge.« Kathrin legte beruhigend ihre Hand auf Lisas schweißgebadete Stirn. »Du bist doch nicht etwa krank?«

»Zum Glück nur ein Traum«, murmelte Lisa.

Langsam entspannte sie sich wieder. Aber richtig ein-

zuschlafen war unmöglich. Aus Angst, die Traumbilder
könnten sie ein zweites Mal heimsuchen, wagte sie nicht,
die Augen zu schließen. Sie starrte in die Dunkelheit und
versuchte die Umrisse der Kommode an der gegenüberliegenden Wand zu erkennen. Als ob sie sich an diesem
Möbelstück festhalten und die Traumgebilde verscheuchen wollte!

Für einen Tag zur Probe, hatte der Vorarbeiter gesagt.
Wenn nur die Nervosität nicht wäre. Ich muß die Stelle
bekommen! Sie müssen mich einfach nehmen! Sonst . . .
Nur ruhig arbeiten, aber auch nicht zu langsam, sorgfäl-
tig und aufmerksam, keine Fehler übersehen, so wie zu
Hause.

Lisa wußte, daß sie zetteln konnte, sie war keine An-
fängerin. Unzählige Stunden lang hatte sie im Elternhaus
in Reigoldswil Kettfäden hergestellt, die Handbewegun-
gen kannte sie in- und auswendig. Und trotzdem würde
morgen alles ganz anders sein! Bisher hatte sie immer in
der elterlichen Stube gearbeitet, neben Vater und Mutter,
zusammen mit ihren Brüdern und Schwestern. Man war
mit ihrer Arbeit zufrieden gewesen, unter den Geschwistern zählte sie zu den flinkeren.

Doch vielleicht erwartete der Vorarbeiter mehr? Mit
Unbehagen erinnerte sich Lisa an den abschätzigen
Blick im bleichen Gesicht dieses Mannes, als sie sich in
der Bandfabrik vorgestellt hatte. Womöglich genügten
ihre Kenntnisse da nicht? Dazu die neue Umgebung,
die vielen fremden Menschen, der Saalmeister, die
Kontrolle. In diesem Augenblick spürte Lisa nichts
mehr von der Entschlossenheit und Kraft, mit der sie
alleine, ohne Onkel und Tante etwas zu sagen, in mehreren Fabriken nach Arbeit gesucht hatte. Nein, sie
wünschte sich nur, Kathrins Bett nie mehr verlassen zu
müssen.

»Lisa, aufstehen!« Sanft berührte Kathrin Lisas Schultern. »Komm leise in die Küche hinunter, ich mach' dir
einen Kaffee.«

Lisa nickte dankbar, kroch schnell unter der Decke hervor und langte nach Rock und Schuhen. Draußen wurde es langsam hell, schwacher Dunst lag über dem Garten, der Himmel aber war wolkenlos. Lisa wandte sich von dem kleinen Dachfenster ab, benetzte die verschwollenen Augen mit einer Handvoll Wasser aus der Waschschüssel, packte ihr Bündel und trat aus der Kammer. Auf Zehenspitzen schlich sie die Treppe hinunter. Im Haus war es noch völlig ruhig.

Neugierig warf Lisa einen Blick in den »Salon«, so hatte Kathrin die Stube genannt. Als erstes sprang ihr ein mächtiger Kristalleuchter in die Augen. In der Mitte des Zimmers hing er von der Decke herab. Wie mochte dieses funkelnde Ding wohl erst aussehen, wenn abends die Kerzen brannten? Vorne, gegen das Fenster hin, stand ein großes schwarzes Möbel. Es hatte Tasten wie ein Klavier, glich aber sonst eher einem hohen Tisch. Waren gestern abend darauf die Melodien gespielt worden? Die Wände des Salons waren mit gemusterten Seidenstoffen verkleidet, auf dem Boden lagen feingeknüpfte Teppiche in leuchtend satten Farben.

Wie riesig dieser Raum war. Tante Margareths ganze Wohnung mit Küche, Stube und Schlafkammer hätte leicht in diesem einen Zimmer Platz gefunden. Hier konnte man sich bewegen, ohne gleich über einen Schemel oder eine Kiste zu stolpern. Sicher mußte in diesem Haus niemand das Bett mit einem anderen teilen. – Außer vielleicht die Dienstmädchen.

Lisa spürte, daß sie sich in einer fremden Welt befand. Wie hätte sie mit ihren halbhohen, vom Straßenstaub meist schmutzigen Schnürstiefeln über diese feinen Teppichböden gehen sollen? Nichts hätte sie anzurühren gewagt. Die Möbelstücke waren eher zum Anschauen da als zum Gebrauchen, fand Lisa. Rasch drehte sie sich um und trat in die Küche, wo ihr Kathrin eine Tasse heißen Kaffees bereitgestellt hatte.

In der schwach beleuchteten Eingangshalle der Fabrik stapelten sich Kisten und Kartons. Lisa sah keinen Menschen. Niemand kontrollierte an diesem Morgen die verpackten Seidenbänder. Am Vortag hatte ein älterer Arbeiter dagestanden, mit gebeugtem Rücken und einem Notizblock dicht unter der Nase, und hatte Zahlen vor sich hin gebrummt.

War das wirklich erst einen Tag her? Wie viel doch in vierundzwanzig Stunden geschehen konnte!

Etwas verloren blieb Lisa in der Eingangshalle stehen und wartete auf den Vorarbeiter. Frauen und Männer jeglichen Alters gingen an ihr vorüber. Die einen stumm, mit verschlafenen Augen und schwerem Schritt, die anderen bereits munter miteinander plaudernd. Einmal glaubte sie Heinz, einen Kostgänger aus dem Haus ihrer Tante, zu erkennen. Der Mann hatte dasselbe Schlurfen. Aber niemand beachtete das Mädchen, das in der Ecke wartete.

Da, endlich. Herr Knecht steuerte geradewegs auf Lisa zu. Nach einem knappen »Morgen« führte der eher kleine, aber drahtig wirkende Vorgesetzte das Mädchen durch die nächstliegende Tür.

Im ersten Augenblick sah Lisa nur Webstühle. Mindestens ein Dutzend dieser großen, schweren Apparate standen im angrenzenden Raum. Eine breite Fensterfront ließ viel Licht in den Saal fallen. Einige der Stühle waren bereits in Betrieb und verursachten einen furchtbaren Lärm. Doch wie seltsam: Die Schiffchen bewegten sich ganz alleine! Mit ungeheurem Tempo rasten sie hin und her, ohne daß jemand den Webstuhl auch nur berührte. Niemand betätigte das Tretpedal. Es gab gar keines, stellte Lisa verwundert fest. Wie war das möglich? Irgend jemand mußte die Webstühle doch in Bewegung setzen. Nun entdeckte Lisa die Menschen, fast alles Männer, die zwischen den Stühlen auf- und abgingen. Sie schauten zu, wie sich das Seidenband wob. Lisa hielt inne und beobachtete fasziniert die hin- und herjagenden

24

Schiffchen. Wie schnell das ging! Ihre Augen vermochten kaum zu folgen.

»Mädchen, wo bleibst du denn?«

Der Saalmeister war neben Lisa getreten. Als er ihr Erstaunen bemerkte, erhellte sich sein Gesicht, und mit Stolz in der Stimme erklärte er:

»Unsere Fabrik ist mit den modernsten Webstühlen ausgestattet. Eine zentrale Antriebskraft setzt sie in Gang, so daß die Weber die Arbeit nur noch zu überwachen brauchen.« Er deutete mit der Hand in die Höhe. Erst jetzt sah Lisa direkt unter der Decke die Röhren und Räder, die sich regelmäßig drehten.

»Schau«, fuhr Knecht fort, »das Wasser treibt die große Kurbelwelle an. Sie verläuft hier quer durch den Raum. Über die Räder und die senkrechten Riemen ist jeder einzelne Webstuhl mit ihr verbunden und nützt ihre Kraft aus. Ja – bei uns leistet das Wasser die größte Arbeit. Das ist eben neueste Technik . . .«

Lisa erinnerte sich, wie ihre Eltern von solchen Wundermaschinen gesprochen hatten, wenn ihre Füße vom Treten müde waren. Wie herrlich wäre es doch, hatte die Mutter geschwärmt, den Webstuhl am Morgen in Betrieb zu setzen und am Abend die fertigen Bänder zu verpacken. Lisa hatte sich das nie so richtig vorstellen können. Webstühle, die ganz von selbst woben?

Doch so einfach, wie Mutter und Vater sich das ausgemalt hatten, funktionierten diese Maschinen nicht. Lisa sah, wie angespannt die Weber vor den Stühlen standen und die hin- und hersausenden Schiffchen verfolgten. Sobald einer der dünnen Seidenfäden riß, mußte der Webstuhl aus dem Riemen ausgehängt und so gestoppt werden. Das Zusammenknüpfen, diese heikle Arbeit, die sehr viel Fingerfertigkeit erforderte, blieb auch hier den Arbeitern überlassen.

»Doch komm jetzt«, drängte der Saalmeister, »wir müssen weiter.«

Im nebenanliegenden Saal sah Lisa nur Frauen. Als sie

zusammen mit Herrn Knecht den Raum betrat, wurde es augenblicklich still, und die Arbeiterinnen wandten sich eifrig ihrer Arbeit zu. Spulen wurden aufgesteckt, schwere achteckige Holzgestelle, die Trüllen, begannen sich zu drehen, geübte Hände prüften die Spannung des Kettfadens. Kein Zweifel, hier befanden sie sich in der Zettlerei, Lisas zukünftigem Arbeitsort.

Herr Knecht führte sie an einen freien Zetteltisch im vorderen Drittel des Raumes. Die Spulen waren bereits aufgesteckt und zwei ineinander gedrehte Kettfäden an der Trülle befestigt. Eine andere Frau mußte bis vor kurzem hier gearbeitet haben.

»So, da wären wir«, sagte der Saalmeister und deutete auf den Tisch. »Du kannst dich gleich hinsetzen und mit der angefangenen Arbeit weiterfahren. Du weißt ja, wie es geht. – Susanne!« Mit einer knappen Handbewegung winkte er die Frau vom Nebentisch zu sich herüber. Eine blasse, etwa fünfundzwanzigjährige Arbeiterin mit feinem dunkelblondem Haar erhob sich. Ihre hellen, grünblauen Augen sahen Lisa freundlich an, als Knecht ihr auftrug, sich um die Neue zu kümmern. Abends werde er Lisas Arbeit kontrollieren und über eine endgültige Anstellung entscheiden.

»Wir werden ja sehen, was du vom Zetteln verstehst.«

Da war er wieder, dieser abschätzige Blick, der Lisa schon beim Vorstellungsgespräch eingeschüchtert hatte. Ohne ein weiteres Wort ließ der Saalmeister die beiden stehen.

»Mach dir nichts draus.« Susanne lächelte Lisa zu. Es war ihr nicht entgangen, daß Herrn Knechts letzter Satz das Mädchen verunsichert hatte. »Arbeite einfach so, wie du es gewohnt bist. Die Seide ist von guter Qualität, sie reißt nicht so schnell.«

Lisa setzte sich. Trotz der freundlichen Worte ihrer Nebenarbeiterin fühlte sie sich einsam und verloren. Mechanisch faßte sie die Kurbel der Trülle und begann sie vorsichtig zu drehen.

»Willst du einen neuen Rekord aufstellen?«

Lisa spürte eine Hand auf der Schulter. Erschrocken hob sie den Kopf und drehte sich um. Hinter ihr stand Susanne. Erst jetzt bemerkte Lisa, daß sich die Ruhe im Zettelsaal in ein munteres Schwatzen verwandelt hatte. Die Arbeiterinnen eilten lachend und scherzend dem Ausgang zu: Es war Mittagspause.

Anspannung und Konzentration hatten die Zeit im Nu verfliegen lassen. Leicht benommen schüttelte Lisa den Kopf, ihr ganzer Körper war wie zerschlagen. Sie erhob sich und streckte die Arme. Du meine Güte, wie verspannt die Schultern waren, und dann dieser leicht stechende Schmerz im Kreuz!

»Daran wirst du dich gewöhnen.« Susanne hatte ihre Bewegungen richtig verstanden. »Auch ich habe Schwierigkeiten mit dem Rücken. Seit ich jedoch ganz aufrecht sitze, haben die Beschwerden ein wenig nachgelassen.«

Lisa antwortete nicht. Daran gewöhnen! Erst mußte sie den kommenden Nachmittag überstehen. Es durften ihr keine groben Fehler unterlaufen, sonst würde sie der Meister gar nicht erst einstellen. Und dann – wovon sollte sie leben? Lisa versuchte die beklemmenden Gedanken zu verscheuchen.

»Susanne, hast du von Elsa etwas gehört? Sie ist heute nicht zur Arbeit erschienen!«

Eine junge Frau, sie mochte etwa zwanzig Jahre alt sein, war zu ihnen getreten. Lisa gefiel sie auf den ersten Blick. Das schwarze Kraushaar sträubte sich gegen die hochgesteckte Frisur. Kleine Strähnen waren aus den Spangen geschlüpft und kringelten sich als Locken um das volle Gesicht mit den lustigen dunklen Augen. Anna, so nannte Susanne die Fremde, strahlte Lebensfreude aus.

»Sie hat in den letzten beiden Wochen mehrmals gefehlt. Und schon voriges Mal hat Knecht Andeutungen gemacht. Ich glaube, er hat Verdacht geschöpft. Jedenfalls hat er ihr sogar mit Entlassung gedroht.«

Susanne seufzte tief.

»Wenn ihr nur nichts Schreckliches geschieht! Mir tut die Ärmste so leid. Wir müssen uns mehr um sie kümmern, aber ich habe ja auch meine Sorgen.«

Anna nickte traurig.

»Wir müssen alle schauen, wie wir uns durchschlagen. Aber dann gibt es Leute wie Elsa, denen geht es noch eine Stufe dreckiger. – Nicht auszudenken, was geschehen würde, wenn Knechts Verdacht stimmt. Vielleicht sollte heute abend eine von uns bei ihr im Kosthaus vorbeigehen?«

Die beiden Frauen tauschten vielsagende Blicke. Lisa sah verwirrt von der einen zur anderen. Wovon sprachen sie bloß?

Die drei Frauen gingen zum Fabriktor hinaus und schlugen den Weg zum Riehenteich ein. Zu ihrer Rechten, kaum fünfhundert Meter entfernt, erhoben sich die Stadtmauern. Dahinter ragten die Türme von St. Clara und St. Theodor in den Himmel. Die Luft flimmerte leicht in der Mittagshitze. An der Uferböschung setzten sie sich unter einen Baum und begannen ihr Mittagessen auszupacken. Anna und Susanne rissen ungläubig die Augen auf, als Lisa ihren Proviant aus dem Papier klaubte: harte Eier, gekochter Schinken, ein Stück fetten Specks und Tomaten; die gute Katharina hatte ihr wahre Leckerbissen zugesteckt!

Stürmische Fragen prasselten auf Lisa nieder. Wie kam sie zu solchen Köstlichkeiten? Anna und Susanne mußten sich mit Brot und dünnem Butteraufstrich zufriedengeben. Selten steckte die Wirtin ein Stück billigen Fischs dazu. Aber der war meist versalzen und schmeckte immer gleich. Und nun breitete Lisa ganz selbstverständlich Schinken und Speck vor ihnen aus! Sie ließen sich nicht zweimal bitten, als das Mädchen ihnen die Leckerbissen hinstreckte. Heißhungrig griffen sie zu, und für ein paar Minuten hörte man nur noch genußvolles Schmatzen.

Anna verdrückte das letzte Ei und rieb sich mit der Schürze das Fett von den Fingern.

»So was schmeckt immer!«

Zufrieden legte sie sich bäuchlings ins Gras. Sie stützte den Kopf auf die verschränkten Arme und sah Lisa direkt ins Gesicht:

»Jetzt möchte ich aber wissen, wem ich dieses Festmahl zu verdanken habe? Lisa, erzähl schon!«

»Du kommst bestimmt nicht aus der Stadt«, Susanne kaute noch an einem Stück Speck, »das hör' ich an deiner Mundart.«

»Ja, das ist richtig«, Lisa nickte, »aber seit zwei Monaten bin ich von zu Hause fort.« Sie verstummte. Was sollte sie den beiden auch erzählen?

»Dir muß man ja jedes Wort einzeln aus der Nase ziehen! – Was hast du denn bisher gemacht? Warst du in einer anderen Bandfabrik? Hat man dich da vielleicht entlassen?«

Anna und Susanne ließen nicht locker. Sie bestürmten Lisa mit immer neuen Fragen, so daß ihr nichts anderes übrig blieb, als zu erzählen.

»Hm . . . angefangen hat alles gestern abend, nein, eigentlich schon vor zwei Tagen oder . . .« Lisa stockte erneut. Wie sollte sie den beiden Frauen, die sie kaum kannte, von ihrer Verzweiflung in den vergangenen Wochen erzählen? Von der täglichen schweren Arbeit, von den Träumen, die nicht in Erfüllung gegangen waren, und wie einsam und ausgenützt sie sich oft gefühlt hatte?

Jeden Morgen hatte sie um vier Uhr aufstehen müssen. Jeden Morgen die mühsamen Versuche, in der engen, düsteren Küche das Herdfeuer zu entfachen. Dann das Wasser aufsetzen, das im Bottich bereitstand, Kartoffeln rüsten und in die Pfanne raffeln. Während Margareth und Walter noch den dünnen Kaffee schlürften, war Lisa, einen großen Krug auf dem Kopf, schon unterwegs zum Clarabrunnen. Sie holte Wasser zum Waschen, Putzen und Kochen. Kurz vor sechs verließen Onkel und Tante die Wohnung. Bald darauf erwachten

Ernst und Franz, die beiden Kinder. Sie mußte auf die Jungen achten, daneben das Mittagessen zubereiten, es dem Onkel in die Fabrik bringen, einkaufen, putzen, waschen, bügeln und schon bald wieder das Wasser für das Abendessen aufsetzen. Nachher gab es noch ein zerrissenes Hemd zu flicken oder Strümpfe zu stopfen.

Oh, wie sie dieses Leben gehaßt hatte! Todmüde war sie jeden Abend ins Bett gesunken. Und für all dies hatte sie keinen roten Rappen bekommen! Ein einziges Mal hatte die Tante sie an einem Sonntagnachmittag zu einem Spaziergang auf die Stadtmauer mitgenommen. Und das sollte das ungebundene Leben in der Stadt sein, der Traum der letzten Jahre?

Wie oft hatte sie in den vergangenen beiden Monaten nachts verzweifelt geheult und dabei ihren Kopf tief in die Kissen gedrückt, um die Kleinen neben ihr im Bett nicht aus dem Schlaf zu reißen. All die enttäuschten Erwartungen und Hoffnungen! Bei der Tante war sie weniger frei gewesen als jemals zuvor. Die Unzufriedenheit war von Tag zu Tag gewachsen.

Gegen Onkel Walter aufzutreten war unmöglich. Einmal hatte sie erlebt, wie er in jähem Zorn auf seine Frau eingeschlagen hatte. Nie würde sie den dumpfen Klang der Hiebe und Tante Margareths Stöhnen vergessen. Verängstigt hatte sich Lisa in die Küchenecke gedrückt, bis der Wutanfall verebbt war.

»Da hast du dein Geld!« hatte der Onkel immer wieder geschrien, nur weil seine Frau es gewagt hatte, ihn am Samstagabend, als er spät aus dem Wirtshaus kam, ausdrücklich um den ganzen Zahltag zu bitten. Wie hätte da Lisa den Mut aufbringen sollen, ein paar Franken Lohn zu verlangen? Zudem wußte sie, daß das Geld kaum ausreichte, um sechs hungrige Mäuler zu stopfen, obwohl der Onkel in der Fabrik arbeitete und die Tante bei fremden Leuten wusch und bügelte.

Doch Lisa behielt all diese Gedanken für sich. Sie deutete lediglich an, wie schwierig die Monate bei ihren Verwandten gewesen waren und wie vor allem Onkel Walters Jähzorn ihr zu schaffen gemacht hatte.

»Der Onkel drohte mir, mich einzusperren. Er wollte mir weder einen Lohn auszahlen noch mich in der Bandfabrik arbeiten lassen.«

Lisas Stimme tönte brüchig. Der furchtbare Streit gestern abend, Onkel Walters Wutanfall, die flehenden Blicke der Tante waren ihr wieder ganz nahe. Lisa räusperte sich und begann zu erzählen: »Vorgestern früh ist wieder einmal alles drunter und drüber gegangen. Ich hatte den Wasserbottich im Gang bereitgestellt, ich mußte Socken und Strümpfe waschen und versuchte das Feuer zu entfachen. Plötzlich hörte ich Franz' und Ernsts ausgelassene Stimmen. Ich ahnte schon Schlimmstes, rannte nach draußen, doch zu spät. Die beiden hatten eine Wasserschlacht veranstaltet und das ganze Wasser verspritzt. Ich hätte die beiden ohrfeigen können! Also ging ich nochmals zum Brunnen, inzwischen war das Feuer natürlich wieder ausgegangen. Die Späne fehlten, ich raste wieder runter in den Hof . . .«

Schließlich war sie zu spät in die Fabrik gekommen. Der Onkel hatte über eine Viertelstunde auf seine Gemüsesuppe warten müssen und sie deshalb mit einer heftigen Strafpredigt empfangen. Ohne äußere Regung hatte sie das Fluchen über sich ergehen lassen, aber plötzlich war da ganz tief unten eine unbändige Wut. Was konnte sie dafür, wenn die Bengel verwahrlost waren und nie gehorchten? Mußte sie sich alles gefallen lassen?

Am Abend hatte sie dann das Undenkbare gewagt: Sie verlangte endlich einen Lohn. Onkel Walters Antwort war vorauszusehen gewesen. Lisa ließ ihn seinen Zorn austoben. Sie stand nahe bei der Türe, auf der Hut. Aber er getraute sich nicht, sie anzurühren. Tante Margareth hatte nur den Kopf geschüttelt und kein Wort gesagt. Von ihr kam keine Hilfe.

Mit klopfendem Herzen hatte Lisa am nächsten Morgen die Jungen in die Stube gesperrt und sich ängstlich, aber entschlossen auf Arbeitssuche gemacht. Hier, vor den Toren der Stadt, hatte man sie endlich genommen. Und am Abend kam es dann zum endgültigen Bruch. Daß es Streit geben würde, hatte sie gewußt. Als der Onkel ihr aber drohte, sie im Haus einzusperren, bis sie sich die Fabrik aus dem Kopf geschlagen hatte . . . – nein, das war zuviel. Sie hatte ihr Bündel gepackt und war davongerannt.

»Aber den flehenden Blick der Tante werde ich nie mehr vergessen. Nun lastet alles auf ihr. Wäschearbeiten, der Haushalt und die Kinder. Aber ich konnte nicht anders! – Ja, und da bin ich nun.«

Lisa schaute unsicher von der einen zur anderen. Anna und Susanne hatten ihr zugehört.

»Und jetzt machst du dir wegen der Tante Sorgen?« fragte Anna.

Lisa zuckte mit den Schultern.

»Sie tut mir einfach leid.«

»Aber sei froh, daß du abgehauen bist. Schau, Fabrikarbeit ist hart, aber wenigstens kriegst du Geld dafür, und am Sonntag hast du frei.«

Lisa blickte sie zweifelnd an.

»Du«, Susanne räusperte sich ein wenig verlegen, »nun hast du noch immer nicht erklärt, wie du zu deinem Speck gekommen bist.«

Wider Willen mußte Lisa lachen, und die beiden anderen stimmten herzlich ein.

In diesem Augenblick trat ein junger, dunkelhaariger Mann zu ihnen.

»Hier scheint es ja lustig zuzugehen. Guten Tag, ihr drei Schönen, darf ich mich eine Minute zu euch setzen, bevor wir wieder an die Webstühle zurückkehren müssen?«

Der Junge musterte Lisa neugierig. »Das Fräulein ist sicher neu hier, ein so hübsches Gesicht wäre mir doch aufgefallen.«

Lisa blickte verlegen ins Gras. Aber Anna antwortete schlagfertig für sie.

»Na, Carl, du versprühst ja heute deinen ganzen Charme, was ist denn in dich gefahren! Rechnest du dir Chancen aus, weil Lisa dich noch nicht kennt?«

Carls selbstbewußtes Lächeln wich einen Moment lang einer leisen Unsicherheit. Bald hatte er sich aber wieder gefaßt und verabschiedete sich mit einem vergnügten Augenzwinkern, das Lisa galt.

»Offenbar störe ich hier, außerdem ist die Pause gleich zu Ende, ich verziehe mich, auf Wiedersehen.«

Anna sah ihm kopfschüttelnd nach.

»Ach, der Carl, immer derselbe, aber er hat recht, schnell, wir müssen uns beeilen, es ist kurz vor eins.«

Hastig packten die Frauen ihre Beutel und rannten los. Mit der freien Hand hielten sie ihre Röcke hoch; dennoch wäre Lisa auf dem unwegsamen Boden beinahe gestolpert. Atemlos kamen sie bei der Fabrik an. Aus dem Saal mit den Webstühlen schlug ihnen bereits der ohrenbetäubende Lärm entgegen.

3

Der Nachmittag verlief nicht anders als der Morgen. Lisa saß verkrampft über den Zetteltisch gebeugt und mühte sich mit den dünnen Seidenfäden ab. Es war zum Verrücktwerden! Sobald sie das Gefühl hatte, die Sache in der Hand zu haben, tack, riß der Faden wieder. Dann mußte sie die Enden wieder und wieder verknoten. Ihre Finger wurden immer steifer und ungeschickter. Bleierne Müdigkeit befiel sie. Nach dem aufregenden vergangenen Tag hatte sie nachts kaum geschlafen.

Als Herr Knecht für einige Zeit den Saal verließ, trat Susanne an Lisas Tisch.

»Du scheinst ja einen Verehrer gefunden zu haben«, flüsterte sie amüsiert. »So oft habe ich Carl noch nie in der Zettlerei gesehen. Was der wohl Wichtiges zu besprechen gehabt hat? Und ganz zufällig mußte er an unseren Tischen vorbeigehen, Lisa, Lisa!« Sie lachte noch immer.

»Ach, Susanne, ich bin nicht zum Spaßen aufgelegt. Bitte, kannst du mir helfen? Ich komme überhaupt nicht mehr voran. Und in einer Stunde kommt Knecht!«

Susanne blickte in Lisas unglückliches Gesicht und wurde sofort ernst.

»Natürlich, gleich.«

Vorsichtig sah sie sich um, dann setzte sie sich bereitwillig auf Lisas Platz. In kurzer Zeit spannten sich die Seidenfäden Meter um Meter über der Trülle.

Lisa seufzte.

»Wie geschickt du bist, ich kann nicht mehr, alles ist wie verhext . . . und dabei weiß ich noch nicht einmal, wo ich heute nacht schlafen werde.«

Susanne hielt mit der Arbeit inne.

»Und das sagst du erst jetzt. Was willst du denn tun?«

Lisa hob die Schultern, sie kämpfte mit den Tränen.

»He, he, hier loszuheulen hat keinen Sinn.« Die Zettlerin legte freundschaftlich die Hand auf Lisas Arm. »Wir werden schon was für dich finden. Nach Fabrikschluß, abgemacht?«

Als Lisa stumm blieb und nur zaghaft nickte, fuhr sie weiter: »Mach dir keine Sorgen. – Komm, setz dich wieder hin und arbeite ruhig weiter. Ich muß an meinen Platz zurück, sonst werden wir verpetzt.« Susanne schaute über ihre rechte Schulter nach hinten. »Siehst du jene Frau im grünen Kopftuch? Sie hat sich bei Knecht eingeschmeichelt und erzählt ihm alles. Vor ihr mußt du dich hüten. Rosa, so heißt sie, wartet nur auf eine Gelegenheit, uns anzuschwärzen.«

Verwirrt setzte sich Lisa hin. Schon wieder eine Anspielung, die sie nicht verstand. Von Unglück und Verdacht hatten die Zettlerinnen in der Mittagspause gesprochen.

Und jetzt diese Rosa.

Kurz vor Arbeitsschluß tauchte der Saalmeister neben Lisa auf. Hastig erhob sie sich, ihr Magen verkrampfte sich vor Angst. Auf diesen Augenblick kam es an.

Herr Knecht nahm sich Zeit. Langsam, unendlich langsam ließ er die Kettfäden durch seine Finger gleiten. Er drehte die Trülle vor und zurück und prüfte die Knoten sorgfältig. Da – einer hielt die Reißprobe nicht aus. Lisa zuckte unwillkürlich zusammen. Sie sah, wie sich Knechts Miene verdüsterte.

»So was darf nicht vorkommen!« Er hielt ihr die beiden zwischen seinen Händen herabhängenden Fadenenden entgegen. »Wir müssen uns auf die Zettel verlassen können. In der Fabrik sind alle aufeinander angewiesen. Jeder Weber muß sicher sein, daß die Kettfäden die Gewichte am Webstuhl aushalten. Reißt ein Faden, ist die ganze Arbeit an dem Band für die Katze, und es muß neu begonnen werden. Nein, nein, so geht das nicht.«

Lisa schoß das Blut in die Wangen.

»Ich weiß . . .«

»Ich weiß, ich weiß. Ausflüchte nützen uns wenig. Saubere, genaue Arbeit will ich haben! Muß ich wirklich jeden einzelnen Knoten kontrollieren?« Kopfschüttelnd überprüfte er nochmals die Seide. Lisa warf Susanne einen Blick zu. Auch sie hatte aufgehört zu zetteln und beobachtete gespannt Knechts Hände. Gott sei Dank, er fand keinen weiteren Fehler!

Nachdenklich kratzte er sich am Kinn: »Besonders schnell bist du ja nicht . . . und dann dieser Knoten . . .« Erneut legte er eine Pause ein. Die Zeit schien stillzustehen. »Kleines Fräulein, das darf nicht wieder geschehen. Aber da wir im Augenblick ohnehin zuwenig Leute haben, kannst du fürs erste hierbleiben. Komm mit in mein Kontor, dort erledigen wir die Formalitäten.«

Lisa atmete auf! Sie durfte trotz des Fehlers bleiben.

In einem kleinen, muffigen Nebenraum notierte der

Saalmeister Name, Alter und Heimatort Lisas säuberlich in einem Heft.

»Du wirst in unserer Bandfabrik vorläufig als Zettlerin angestellt. Morgens um sechs Uhr fangen wir an und arbeiten zwölf Stunden täglich. Damit alles reibungslos vor sich geht und alle unsere Arbeiter wissen, wie sie sich zu verhalten haben, gibt es ein Reglement.«

Knecht erhob sich hinter seinem Pult, ging zum Wandschrank in der Ecke und holte ein mit Druckbuchstaben beschriebenes Blatt hervor. Mit lauter, deutlicher Stimme las er Lisa vor:

»Erstens: Die Arbeiter haben sich pünktlich bei der Arbeit einzufinden und dürfen diese nicht eher verlassen, als das Zeichen dazu gegeben wird. Bei Unpünktlichkeit oder Fernbleiben vom Arbeitsplatz muß eine Entschädigung bezahlt werden. Zweitens: Die Arbeiter haben mit Emsigkeit die ihnen aufgetragenen Tätigkeiten zu verrichten, Plaudereien sind bei einer Strafe von ein bis zehn Batzen untersagt.« Hier hob Knecht den Kopf. »Das geht vor allem die Weibspersonen an! Drittens: Will ein Arbeiter seine Stelle in der Fabrik aufkündigen, so hat er das vier Wochen im voraus dem Saalmeister zu melden. Hält er sich nicht an diese Frist, so kann der Austritt verweigert und eine Buße von sechzehn Franken erhoben werden. Viertens: Störrische und unordentliche Arbeiter werden vom Fabrikherrn sofort entlassen . . .«

Der Saalmeister las das Reglement, ohne aufzublikken. Es folgten eine ganze Reihe weiterer Vorschriften. Lisa staunte, was da alles aufgezählt wurde. So war es untersagt, in den Fabrikräumen Tabak zu rauchen und Alkohol zu trinken. Unsittliche Lieder und Gebärden, Fluchen und Schwören, alles wurde mit Bußen bestraft! Wie sollte sie diese Regeln im Kopf behalten? Lisa hatte Mühe, sich auf die Worte ihres Vorgesetzten zu konzentrieren. Sie konnte hierbleiben, sie war nun Fabrikarbeiterin, alles andere war doch Nebensache!

». . . Zwölftens: Die Arbeiter werden im Stücklohn be-

zahlt, der Lohn wird zweiwöchentlich am Samstag aus-
gehändigt. Material, das vom Arbeiter verdorben wurde
oder Fehler aufweist, hat einen Lohnabzug zur Folge.«
Knecht legte das Blatt weg. »Unsere Fabrikordnung
hängt in jedem Saal, du kannst sie also jeden Tag aufs
neue studieren . . . Ach ja, beinahe hätte ich es vergessen,
du möchtest bestimmt wissen, wieviel du verdienst. – Ich
würde meinen«, seine Stirn legte sich in Falten, »am Anfang wirst du auf fünf bis sechs Franken pro Woche
kommen. Mit der Zeit, wenn du schneller wirst, kann
sich dein Lohn aber beträchtlich erhöhen. – Wenn du
hier unterschreibst, haben wir alles geregelt.«

Mit ihrem Namenszug verpflichtete sich Lisa, das Fa-
brikreglement genau einzuhalten. Froh, daß diese Unter-
redung endlich vorüber war, setzte sie mit ungeschickter
Hand »Lisa Tschopp« unter den Text.

Als Lisa auf die Straße trat, suchte sie vergeblich nach Susanne. Zwar standen noch einige Arbeiter und Arbeiterinnen schwatzend in Gruppen zusammen, Susannes
schmales Gesicht mit der spitzen Nase aber fehlte. Statt
dessen winkte Anna dem Mädchen heftig zu.

»Ist Knecht mit seinem Vortrag schon zu Ende?« rief
sie Lisa entgegen. »Da kannst du von Glück sagen, auf
mich hat er am ersten Tag gleich eine halbe Stunde lang
eingeredet.« Und als Lisa bei ihr angelangt war, ahmte sie
mit gewichtiger Miene die tiefe, etwas schleppende
Stimme des Meisters nach:

»Sämtliche Arbeiter sind verpflichtet, sich sowohl in-
ner- als auch außerhalb der Fabrik eines ehrbaren, sittsa-
men . . . äh . . . wohlanständigen Betragens zu befleißi-
gen – hast du verstanden, Lisa?« Anna blickte sie einen
Augenblick lang streng und herablassend an, dann änderte sich ihre Mimik schlagartig, die Augen blitzten vor
Vergnügen. Lisa konnte nicht anders, als in das anstek-
kende Lachen einzustimmen.

»Knecht, dieser aufgeblasene Wichtigtuer! Er handelt,

als gehöre ihm die Fabrik persönlich. Dabei ist er nur ein kleiner Angestellter, der nach der Pfeife des Fabrikherrn tanzt!« Verachtung schwang in Annas Stimme mit. Und nach einer Pause sagte sie: »Hör zu, du kommst jetzt mit mir. Susanne hat mir erzählt, daß du noch keinen Schlafplatz hast. Ich denke, in meinem Kosthaus werden wir etwas für dich finden.«

Die Zettlerin packte, ohne zu fragen, Lisas Bündel, und die beiden schlugen den staubigen Feldweg entlang des Riehenteiches ein.

»Wo steckt eigentlich Susanne?« erkundigte sich Lisa. »Ich dachte, sie würde auf mich warten.«

Anna antwortete, ohne aufzublicken: »Sie hatte keine Zeit, sie wollte noch bei Elsa vorbeischauen.«

»Diese Elsa scheint euch sehr zu beschäftigen«, nahm Lisa den Faden auf. Obwohl sie müde und erschöpft war, wollte sie mehr über diese Frau erfahren. »Was ist mit ihr los?«

»In letzter Zeit hat sie häufig gefehlt, letzte Woche sogar zwei ganze Tage lang. Das ist nicht Elsas Art. Auch sonst hat sie sich seltsam aufgeführt. – Genaues wissen wir nicht, einige vermuten aber . . .« Anna brach mitten im Satz ab.

»Ja was denn, was vermutet ihr?«

Anna schien zu überlegen und antwortete nicht gleich auf Lisas Frage.

»Es ist nur ein Gerücht. Eigentlich weiß niemand etwas . . .« Und wieder stockte die sonst so redselige Zettlerin. »Ich denke, es ist besser, erst darüber zu sprechen, wenn wir Gewißheit haben. Vage Vermutungen richten meistens nichts Gutes aus. Elsa würden sie nur schaden, und das möchte ich auf keinen Fall. – Also, Lisa, sprechen wir von was anderem.« Annas Stimme klang entschlossen. Lisa spürte, daß aus ihr nichts mehr herauszubringen war, auch wenn sie noch so sehr gedrängt hätte. Das weckte ihre Neugier erst recht. Vielleicht würde Susanne mehr erzählen?

38

Morgen, dachte Lisa.

Das letzte Stück bis zur Stadtmauer gingen die beiden schweigend nebeneinander her. Von der St. Theodors-Kirche schlug es bereits halb acht, als sie das Riehentor erreichten. Anna führte Lisa durch die engen Gassen Kleinbasels, dann bog sie in einen düsteren, schmutzigen Hinterhof ein.

Viele verwinkelte Anbauten klebten an der Hinterfassade des Gebäudes. Aus Holzlatten und Drahtgittern hatten sich die Bewohner schmale Veranden vor die Fenster gebaut. Die Enge des Wohnraums war oft unerträglich. Notdürftig zusammengezimmerte Bretterbuden im Hinterhof dienten als Schöpfe und Ställe, und im Notfall sogar als Unterschlupf für die Menschen.

Hier sah es nicht freundlicher aus als bei Lisas Verwandten, und hier sollte sie nun also wohnen.

Anna schien ihre Gedanken zu erraten.

»Bist du enttäuscht? Das ist Kleinbasel, arm und eng, schmutzig und stinkend – und trotzdem fühle ich mich hier nicht unwohl. Siehst du den Geranientopf dort in der Fensterluke? Immer und überall kannst du etwas Liebevolles entdecken. Du brauchst nur genau hinzuschauen.«

Lisa zuckte zweifelnd mit den Schultern.

»Glaub mir, ich verstehe dich nur zu gut«, fuhr Anna fort, »manchmal kann ich die Enge, den Schmutz kaum mehr ertragen. Aber die Leute ziehen in die Stadt, wie du und ich, weil es hier Arbeit gibt. Frau Graber, meine Wirtin, behauptet, die Regierung wolle die Stadtmauern niederreißen, damit es mehr Platz gibt. Ich weiß nicht, ob's stimmt, aber dagegen hätte ich nichts.«

Trotz all der gutgemeinten Worte empfand Lisa nichts als Trostlosigkeit. Menschen und Tiere auf engstem Raum zusammengepfercht, zwischen Gerümpel und Abfall. Wie sollte das zu ändern sein?

»Weg da, weg da!«

Anna klatschte in die Hände. Aufgebracht gackernd

flatterten ein paar Hühner davon, und die Mädchen gingen an der Zisterne vorbei zu einer niedrigen, schmalen Türe auf der rechten Seite des Hofes. Sie mußten den Kopf einziehen, um in den dunklen Hausgang treten zu können. Lisa rümpfte die Nase. Es brauchte wenig Phantasie, um zu erraten, daß beim Eingang, hinter der dünnen Bretterwand, die Abtrittgrube lag. Gleich daneben in der geräumigen Küche stand eine dicke Frau, die in einem bauchigen Kochtopf rührte. Die Fensterflügel standen offen, aber die Luft war stickig.

»Das Abendessen ist erst in einer halben Stunde bereit«, brummte die Wirtin, ohne aufzublicken. Anna wehrte ab und brachte ihr Anliegen vor.

»Einen Schlafplatz braucht deine Freundin, so, so.«

Frau Graber hantierte ohne Hast am Herd weiter. Endlich trocknete sie sich die Hände an der schmuddeligen Schürze ab und sah Lisa gerade ins Gesicht.

»Wollen sehen, was sich machen läßt.«

Mit langsamen Schritten schleppte sie sich die Treppen hinauf in den zweiten Stock. Dort öffnete sie die Türe zu einer Dachkammer. Der Raum war mit Möbeln vollgestopft; auf jedem der vier Betten lagen oder saßen zwei Frauen. Nein, hier war beim besten Willen kein Platz mehr für Lisa! Auch die anderen beiden Zimmer des Bodens waren besetzt.

»Tut mir leid, ich kann dir keine Unterkunft geben.«

Die Wirtin hob bedauernd die Hände. Schon stand sie wieder auf der Treppe. Lisa stöhnte leise, doch Anna gab nicht so leicht auf. Lisa sei ihre beste Freundin, neu in der Stadt und todmüde, ob wirklich nichts zu machen sei.

Frau Graber zögerte. »Da ist noch eine Gerümpelkammer mit einem Strohsack. Vielleicht fürs erste, bis etwas frei wird . . .« Hastig nickte Lisa; ihr war alles recht, wenn sie sich nur irgendwo hinlegen konnte.

Als die Türe quietschend aufsprang, sahen die beiden Mädchen zuerst nur ein paar dünne, helle Streifen auf dem Boden und an den Wänden. Allein durch ein paar

Ritzen im Dachgebälk fiel ein wenig Licht in die Kammer. Abgestandene Luft schlug ihnen entgegen, hier war lange nicht gelüftet worden. Langsam gewöhnten sich die Augen an die Dunkelheit, Konturen von Möbeln und Kisten zeichneten sich ab. Lisa erschrak nun doch ein wenig. Das hier war kein Raum, sondern ein dunkles Loch voller Unrat. Alles war mit einer dicken Staubschicht überzogen.

»Nein, das geht nicht.«

Annas Stimme klang resolut. Frau Graber zuckte gleichgültig mit den Schultern.

»Na bitte, wie ihr wollt.«

»Ach, laß, ich bleibe hier . . .« Lisa war so müde, daß ihr selbst die Gerümpelkammer lieber war, als weitersuchen zu müssen.

4

»Gerade recht für das ›Drei König‹«, lachte Anna, »los, hinein ins Vergnügen!«

Neben Lisa, Anna und Susanne war Bettina die vierte im Bunde. Sie arbeitete als Winderin in der Fabrik und wohnte auch bei Frau Graber im Kosthaus. Sie folgten der ausgelassenen Anna durch die getäfelte Gaststube des Wirtshauses, hinaus in den rückwärtigen Garten. Sonntags herrschte hier Hochbetrieb, besonders aber bei so strahlendem Sonnenschein. Während der ganzen Wanderung vom Bläsitor dem Rhein entlang über das Klybeck bis zum Fischerdorf Kleinhüningen hatte die Sonne erbarmungslos auf die vier Frauen heruntergebrannt.

Anna, Susanne und Bettina grüßten mit wilden Gesten nach links und nach rechts. Gegen das Stimmengewirr und die fröhlichen Klänge der Ziehharmonika war schwer anzukommen. Nur mit Mühe fanden die vier an einem Tischende Platz; ein paar junge Arbeiter rutschten bereitwillig zur Seite. Kaum hatten sie sich ihr Bier bestellt, als alle außer Lisa zum Tanz aufgefordert wurden.

Lisa blieb sitzen. Begierig sog sie die neuen Eindrücke ein. Jede Minute ihres freien Tages wollte sie genießen, nichts durfte ihr entgehen. Nach zwei anstrengenden Wochen in der Bandfabrik hatte sie zum erstenmal in ihrem Leben eigenes Geld in der Tasche, mit dem sie tun und lassen konnte, was sie wollte. Viel war es zwar nicht, mehr als die Hälfte ging fürs Kosthaus ab, aber dennoch fühlte sich Lisa in diesem Moment wie eine kleine Königin. Glücklich und zufrieden schaute sie sich in der Gastwirtschaft um.

Unter den ausladenden Ästen der Kastanien saßen Frauen und Männer in ihrer Sonntagskleidung, dicht gedrängt auf langen Holzbänken. Die Kellnerinnen eilten geschäftig hin und her und stellten Bier oder Schnaps auf die Tische. Vorne auf der Tanzfläche wirbelte ein buntes Durcheinander aus fliegenden Röcken, farbigen Bändern, verschwitzten Gesichtern und sich lösenden Zöpfen.

Lisas Blick fiel auf eine schmächtige dunkelhaarige Frau zwei Tische weiter. Obwohl ihr die Frau den Rükken zuwandte, kam sie dem Mädchen bekannt vor. Die Art, wie sie zusammengesunken am Tisch saß, den Kopf über dem schmalen Hals ein wenig eingezogen. War das nicht . . .? Aber ja, als die Frau einen Augenblick lang zur Seite schaute, erkannte Lisa Elsas Profil. Lisa wußte noch immer nicht, was mit Elsa los war. Daß mit ihr aber etwas nicht stimmte, glaubte sie inzwischen auch. Die etwa dreißigjährige, unscheinbare Zettlerin hatte oft dunkle Ringe unter den Augen, überhaupt sah sie krank aus. Sie sprach mit niemandem in der Bandfabrik, und am Feierabend ging sie allein ihres Weges. Allen wich sie aus, selbst Susanne, die sich des öfteren um sie bemüht hatte.

»Du scheinst Durst zu haben.« Anna schaute auf Lisas leeres Glas und lachte. »Ich brauche auch noch ein Bier, he, Kellnerin!« Noch immer außer Atem vom Tanzen, setzte sie sich. Jetzt traten auch die anderen an ihren

Tisch und stürzten sich auf ihre Gläser. Anna stellte ihren Freund Oskar vor, einen Malergesellen aus Hüningen. Sein offenes Lachen gefiel Lisa sofort. Dann waren da noch Fritz und Jakob, die mit Susanne und Bettina getanzt hatten.

Nun wurde viel gelacht, Scherze flogen hin und her. Lisa ließ sich von der Fröhlichkeit der anderen anstekken, ab und zu aber wanderte ihr Blick zwei Tische weiter. Niemand schien Elsa bemerkt zu haben.

Plötzlich gewahrte Lisa eine Gruppe junger Männer mit blauen Gesichtern und blauen Haaren. Ungläubig kniff sie die Augen zusammen. Aber nein, sie träumte nicht. Erst nach und nach begriff sie: Die Färbereiarbeiter, das mußten sie sein. Die Tante hatte ihr von ihnen erzählt. Der Farbstoff dringe in die Haut ein. Das komme vom Staub in der Farbmühle. Mit der Zeit setze sich die Farbe fest, die Männer würden blau, grün oder rot. Aber schlimmer noch als die äußere Verfärbung sei das Gift im Körper drin. Die meisten erkrankten an Geschwüren im Unterleib. Irgend jemand müsse diese Arbeit tun, hatte Tante Margareth bitter erklärt. Es gebe genug Männer, die lieber früh stürben, als ein Leben lang zu hungern, und jeder hoffe, ihn treffe es nicht.

Lisa überlief trotz der sommerlichen Hitze ein kalter Schauer. Ob einer von ihnen schon bald sterben würde? Wie gebannt beobachtete sie die fremden Arbeiter. Ganz selbstverständlich nahmen sie die Biergläser in die blauen Hände und prosteten sich fröhlich zu.

»Schaut mal, wer auch zum Tanzen gekommen ist!« rief da Bettina laut in die Runde und zupfte Lisa an der weißen Sonntagsbluse. Mit dem Finger zeigte sie auf Elsa, die eben aufgestanden war und sich zwischen den Holztischen zur Tanzfläche durchkämpfte. »Habt ihr ihren Rock gesehen? – Ich könnte Gift drauf nehmen, daß sie schwanger ist!«

Lisa horchte interessiert auf. Das also war es, was die

anderen vermuteten. Elsa schwanger, das könnte stimmen. Aber warum machte sie bloß so ein Geheimnis daraus? Das war doch nichts Schlimmes!

»Ist das Elsas Mann?« fragte sie neugierig und meinte den großen, breitschultrigen Arbeiter, mit dem sich die Zettlerin im Kreise drehte.

»Elsa ist nicht verheiratet, das ist es ja gerade, deshalb . . .«

»Nun hör endlich auf mit deinen dummen Verdächtigungen!«

Anna unterbrach Bettina mit ärgerlicher Stimme. Die beiden hielten nicht viel voneinander, das hatte Lisa bereits im Kosthaus bemerkt.

»Was weißt du von Elsa, du kennst sie ja kaum!«

»Ja, aber das sieht doch jeder, daß sie schwanger ist, und so wie sie sich benimmt . . .«, verteidigte sich Bettina. »Und überhaupt habe ich es langsam satt, daß du immer alles besser weißt!« Ihre Stimme war immer lauter geworden, so daß sich die Arbeiter am Nebentisch neugierig nach den Frauen umdrehten.

»Nun beruhigt euch, ihr beiden«, griff Susanne vermittelnd ein. »Aber Anna hat recht, wir sollten keine solchen Gerüchte in die Welt setzen, solange wir nichts wissen.« Und mit einem spitzen Unterton zu Bettina: »Oder hast du sie etwa gefragt?«

»Jetzt gleich werde ich sie fragen, davor hab' ich keine Angst, wenn du das meinst!«

Streitlustig stand Bettina auf, und vergeblich versuchten die anderen Zettlerinnen sie davon abzuhalten. Als Elsa und ihr Begleiter zu ihrem Tisch zurückkehrten, trat Bettina ihnen in den Weg. Erschrocken zuckte Elsa zusammen, als sie die bekannten Gesichter entdeckte. Lisa hörte nicht, was die drei miteinander sprachen. Allzuviel war es nicht, denn schon bald faßte der Mann Elsa am Arm und schob sie vor sich her dem Ausgang zu. Dabei warf er wütende Blicke zu ihrem Tisch herüber.

Anna und Susanne sahen sich schweigend an.

»Na, was sagt ihr jetzt?« Bettinas Stimme klang triumphierend. »Warum, glaubt ihr, sind die beiden so schnell verschwunden? Wenn sie nichts zu verbergen hätten . . .«

»Ich hätte nie gedacht, daß du so boshaft sein kannst!« Aufgebracht knallte Anna ihr leeres Glas auf den Tisch.

»Was haben sie denn gesagt?« Fritz, der sich wie die anderen Männer bisher nicht eingemischt hatte, war neugierig geworden.

»Elsa, diese Scheinheilige, hat gar nichts gesagt, und er, er hat alles abgestritten. Nun, ich glaube kein Wort! Das nimmt kein gutes Ende. Wenn die Polizei kommt, werdet ihr noch an mich denken!«

Lisa verfolgte den Streit, ohne zu verstehen. Sie wagte aber nicht zu fragen. Wenn die Polizei kommt . . . Was hatte die Polizei nur mit der ganzen Sache zu tun? Frau Grabers Satz von letzter Woche ging ihr durch den Kopf. »Die Polizei hat sie geholt.« Eine ihrer Kostgängerinnen. Warum, hatte sie nicht zu sagen gewußt. Solange die Arbeiterinnen bezahlten, was sollte sie sich um deren Schicksal kümmern? Lisa hatte dafür die Gerümpelkammer verlassen und in eine Mansarde hinüberwechseln dürfen.

Die Polizei kommt – überall in der Stadt scheint sie zu drohen. Im Kosthaus und nun hier bei Elsa. Lisa konnte sich beim besten Willen nicht vorstellen, was diese scheue Frau verbrochen haben konnte.

»Darf ich das Fräulein zum Tanz bitten?«

Verwirrt sah Lisa auf: Carl. Schon hatte er sie an der Hand gefaßt. Ohne Zögern stand sie auf. Jakob, Fritz und Oskar sparten nicht mit ihrem Spott.

»Nun müssen wir aber auf die Kleine aufpassen«, lachten sie spitzbübisch. »Kommt, laßt uns alle eine Runde tanzen!«

Eben hatte das dürre, kleine Männchen mit der Ziehharmonika sein Spiel wieder begonnen. Lisa errötete

45

leicht verlegen. Froh, den Blicken der anderen entrinnen zu können, folgte sie Carl. Nun würde sie endlich tanzen! Und Carl tanzte gut. Ob bei einer flotten Polka oder einem langsamen Walzer, immer führte er sie sicher. Sie wirbelten zwischen den anderen Paaren hindurch, bis sie außer Atem waren. Lisa strahlte. Ihre Verlegenheit verflog rasch. Wieder einmal ganz ausgelassen sein. Die Fabrik vergessen, den Zettel, Elsa, die schmutzige Stadt. Was kümmert mich das alles jetzt! Tanzen, lachen, sich freuen! Wie leicht sie sich fühlte, fast wie im Rausch. Dieser angenehme Schwindel, kam er vom Tanz oder vom ungewohnten Bier?

Der Nachmittag verging im Handumdrehen. Keinen Tanz ließ Lisa mehr aus. Sie tanzte mit Oskar, Jakob, Fritz und anderen fremden Arbeitern, am meisten jedoch mit Carl. Dazwischen wurde viel gelacht und getrunken, Elsa wurde nicht mehr erwähnt. Niemand wollte sich dadurch den Sonntag verderben.

Lisa mußte auch den hier üblichen Schnaps, ein »Schtämpfeli«, kosten. Er brannte scharf im Hals. Die Wärme stieg Lisa in den Kopf. Wenn die Leute vom Dorf sie jetzt sehen könnten, und erst Onkel und Tante. Wieder regte sich bei der Erinnerung Trotz. Was hatten sie gegen einen so lustigen Nachmittag bloß einzuwenden? Unanständigkeit, Liederlichkeit hatte der Onkel den Fabrikarbeiterinnen vorgeworfen. Was meinte er damit? Die Umarmungen zwischen Anna und Oskar vielleicht? Aber nein, an den Dorffesten im Oberbaselbiet ging es auch nicht anders zu und her.

Um sieben Uhr meinte Susanne, es sei nun langsam Zeit, den Heimweg anzutreten. Für einen Moment flog ein Schatten über die Gesichter.

»Wenn es doch keinen Montag gäbe!« Jakob sprach aus, was alle dachten.

Carl erhob sich und nahm Lisa bei der Hand.

»An morgen zu denken, reicht noch lange, laß uns tanzen, komm!«

Nur zu gerne ließ sich Lisa noch einmal zur Tanzfläche führen. Ein letztes Mal sich von der Musik berauschen lassen, bevor der Alltag wieder begann!

Als die beiden wenig später zu ihrem Tisch zurückkehrten, waren die anderen verschwunden. Lisa sah sich erstaunt im Garten um. Keine Spur von Bettina, Anna oder Susanne. Überhaupt waren nur noch wenige Leute in der Wirtschaft. Verlassen standen Bierkrüge und Tassen zwischen Brotresten auf den Tischen. Die Kellnerinnen stellten bereits die Bänke zusammen. Nur der Musikant spielte unentwegt für die letzten Tänzer und Tänzerinnen.

Ein älterer, dicker Mann am Nebentisch bemerkte Lisas Verwirrung. Er grinste breit.

»Die jungen Leute sind heimgegangen. Sie meinten, der nette Jüngling würde das Fräulein bestimmt gerne begleiten.« Zweideutig zwinkerte er Carl zu.

»Natürlich tu' ich das«, erwiderte Carl selbstbewußt. »Erna – bezahlen, bitte!« Er bestand darauf, auch Lisas Bierrechnung zu begleichen. Ihr wurde es leicht ungemütlich. Was hatten sich ihre Begleiterinnen nur gedacht? Gewiß, sie mochte den Jungen, aber alleine mit ihm nach Basel zu wandern . . . Sie kannte ihn kaum! Sie hätten zumindest fragen können, bevor sie sie alleine zurückließen. Lisa verspürte einen leisen Groll auf die anderen.

»Keine Angst, Mädchen, ich passe gut auf dich auf.«

Carl lachte, als habe er ihre Gedanken erraten.

Auf dem Dorfplatz standen keine Kutschen mehr. Aber Lisa stellte mit Erleichterung fest, daß noch viele Ausflügler unterwegs waren. Ganz alleine würden sie nicht sein. Carl legte ihr den Arm um die Schultern. Sie zuckte unwillkürlich zusammen, doch er schien es nicht zu bemerken.

»Wie alt bist du eigentlich?«

Lisa zögerte einen Augenblick, dann antwortete sie entschlossen: »Siebzehn.«

Sie mogelte ein wenig, aber als allzu unerfahren sollte Carl sie nicht betrachten. Er schmunzelte.

»Als ich ein bißchen jünger war als du jetzt, kam ich von Wittnau nach Basel, weil ich als Posamenter in der Stadt viel mehr verdienen konnte als zu Hause. Daheim arbeiteten wir alle zusammen, und die Mutter verfügte über das Geld. Das paßte mir nicht. Nun haben meine jüngeren Schwestern meinen Platz am Webstuhl. Ich könnte mir nicht vorstellen, wieder zu Hause zu leben. Man gewöhnt sich daran, sechzehn oder achtzehn Franken in der Woche zu verbrauchen.«

»Verdienst du wirklich achtzehn Franken in der Woche?« Lisa staunte. »Übertreib doch nicht. Ich verdiene nur fünf bis sechs. Du kannst sicher nicht doppelt so schnell arbeiten wie ich.«

Stolz lächelnd entgegnete Carl: »Ach, das scheint dir nur viel. Ich habe gehört, daß andere Bandfabriken einem guten Akkordarbeiter bis zu dreißig Franken bezahlen. Daß du weniger hast, ist ja klar. Zetteln ist einfacher als weben. Ich muß ja noch den Webstuhl reparieren. – Und außerdem ist Zetteln Frauenarbeit, und Frauen heiraten doch und brauchen keine Familie zu ernähren.«

Lisa wollte das nicht recht einleuchten. Hatte Carl etwa eine Familie? Dagegen wußte sie von einigen Arbeiterinnen, daß sie für ihre Kinder alleine aufkommen mußten. Aber sie mochte nicht streiten. Es war schön, zusammen mit Carl dem Rheinufer entlang zu spazieren.

Carls Worte sprudelten wie ein Wasserfall. Er erzählte von seiner Jugend und den ersten Jahren in der Stadt, er berichtete über seine Zukunftspläne. Lisas Gedanken schweiften ab. Scheu betrachtete sie ihren Begleiter von der Seite. Wie klug und weltgewandt er wirkte! Er war sicher schon zwanzig. Eigentlich sah er ganz gut aus mit seiner hellblauen Jacke und den goldenen Hemdknöpfen. Das rote, seidene Tuch, das er um den Hals geschlungen trug, hob sich leuchtend von seinem dunklen

Haar ab. Warum sprachen wohl ihre neuen Freundinnen aus der Bandfabrik manchmal so spöttisch und herablassend von Carl?

Als sie sich der Stadt näherten und bereits die roten Münstertürme sehen konnten, versiegte Carls Redefluß allmählich. Es begann zu dämmern, die Sonne ging zu ihrer Rechten jenseits des Rheins unter. Einen Augenblick blieben die beiden stehen und blickten ruhig dem fließenden Wasser nach. In der Ferne konnten sie die bläuliche Silhouette der Vogesen im Dunst erkennen.

»Schön, nicht?«

Lisa nickte stumm. Kurze Zeit später erreichten sie die Stadtmauer, der Torwächter grüßte die zurückkehrenden Ausflügler freundlich.

»Wo wohnst du eigentlich?«

Carl beugte sein Gesicht zu ihr hinunter, sein Arm zog sie näher. Lisa murmelte etwas Unbestimmtes und deutete mit der Hand in Richtung des Kosthauses. Sie konnte keine Worte finden. Da war Carl, da waren seine Locken, seine Augen, sein Arm um ihre Schultern, das plötzliche Kribbeln im Bauch, angenehm, aber auch beunruhigend. Angst vor der einbrechenden Dunkelheit? Angst vor Carl? Verwirrendes Prickeln. Flackernde Straßenlaternen, ein kläffender Hund, Schatten Heimkehrender in der Dämmerung, eine Hand im Nacken. Da ist der bekannte Hinterhof. Hüte dich vor den Männern, mein Kind! Das ist ja Mutters Stimme! Noch immer die Hand im Nacken.

»Bis morgen«, warf sie leicht hin; nebensächlich, ein wenig unsicher klingen die Worte.

»Ja, bis morgen.«

Und dann doch einen Augenblick Warmes, Weiches auf Mund und Hals, ein neuer Geruch, verwirrende Gefühle ... Mit hastigen Schritten durchquerte Lisa den Hinterhof.

5

Lisa stieg vorsichtig aus dem Bett, um die anderen nicht aufzuwecken. Sie schlüpfte in Rock und Bluse und trat an die Waschkommode, die nackten Füße standen auf dem rauhen Holzboden. Das Wasser gluckste übermäßig laut, als sie es aus dem Emailkrug in das Becken goß. Nur rasch das Gesicht hineingetaucht und die Unterarme genetzt. Viel zu lange brauchte sie, um das Haar zu Zöpfen zu flechten und mit Spangen hochzustecken. Aus dem kleinen, halbblinden und zersprungenen Spiegel sah ihr ein blasses Gesicht entgegen. Die Nase war etwas zu lang, der Mund zu schmal. Was sieht er wohl Besonderes an mir? Unnachsichtig glitt der prüfende Blick über das Spiegelbild. Carl, mit seinen dunklen Locken und der fröhlichen Stimme. Vor dem Waschbecken versuchte Lisa zum hundertstenmal, sich sein Gesicht vorzustellen. Aber es erging ihr wie nachts im Bett: Je mehr sie sich bemühte, desto verschwommener wurde die Erinnerung. Dennoch war etwas geblieben, das Neue: sein Geruch, die Wärme und ihre Verwirrung. Wieder breitete sich das kribbelnde Gefühl im ganzen Körper aus.

Einen Augenblick später schlenderte sie durch die wenig belebten Straßen. Die Stadt hatte eben erst ihre Tore geöffnet, und die Marktfrauen aus Kleinhüningen und dem badischen Nachbarland trugen in Körben, am Arm und auf dem Rücken, das frische Sommergemüse nach Großbasel. Lisa kam sich plötzlich lächerlich vor. Sie hatte gehofft, vor der Arbeit Carl zu begegnen. Dabei wußte sie nicht einmal, wo er wohnte. Und vielleicht war für ihn der gestrige Abend gar nichts Besonderes gewesen!

Das Mädchen hatte die Greifengasse hinter sich gelassen und lehnte sich an das hölzerne Brückengeländer. Sie sah in das ruhig strömende Wasser. Am Kleinbasler Ufer hatten die Fischer die Weidlinge auf den Sand hochgezogen. Sie ordneten die Netze und flickten die zerrissenen

Maschen. Einige Männer befestigten die Reusen mit den gefangenen Forellen, Äschen und Lachsen im Wasser. So würden sie frisch bleiben, bis sie auf dem Fischmarkt verkauft und, von Dienstmädchen und Hausfrauen in Körbe verpackt, den Weg in die Pfanne antreten würden.

Lisas Augen wandten sich wieder dem Fluß zu. Der Rhein – ein Stück Freiheit und Helligkeit in der zuweilen so bedrohlich engen Stadt. Das Wasser floß klar und unbeirrbar durch Basel. Es kam von den Bergen Graubündens und mündete irgendwo in Holland ins unendliche Meer. Das hatte ihnen Lehrer Buser in der Schule erzählt.

Im Hungerwinter 1816/17 hatte er, zusammen mit seinen älteren beiden Brüdern, das Bündel geschnürt. Sie wollten nach Amerika auswandern, Abenteuer suchen und ein neues Leben ohne Entbehrungen anfangen. Aber bereits in Amsterdam waren sie gescheitert. Die Cholera hatte die älteren Brüder dahingerafft, und dem Dreizehnjährigen mochte keine Agentur die Überfahrt bezahlen. So hatte der Junge den Heimweg angetreten und sich mit Arbeiten als Knecht durchgeschlagen. Eine gezielte Frage zu Beginn der Schulstunde hatte jeweils genügt, um Lehrer Buser zu veranlassen, jene Erlebnisse nochmals begeistert zu erzählen. Lisa lächelte. Der alte Lehrer Buser, die Schulstunden, das heimatliche Dorf. Mit dem Rhein wurde all das wieder lebendig.

Der blecherne Zweiklang der Martinsglocke riß Lisa aus ihren Träumen. Viertel vor sechs! Sie mußte sich auf den Weg machen.

Vor dem Fabrikgebäude in der Hammerstraße standen Arbeiter und Arbeiterinnen in kleinen Gruppen zusammen. Vergebens hielt Lisa nach Carls dunklen Locken Ausschau, dafür erkannte sie sogleich Anna und Susanne.

»Woher kommst du? Ich habe dich beim Frühstück vermißt. – Du hast doch gestern noch nach Hause gefunden?«

Annas Miene drückte Arglosigkeit aus, aber ihre

Augen lachten. Lisa konnte nicht verhindern, daß ihr das Blut in die Wangen schoß.

Eine Spur zu heftig rief sie: »Ihr habt mich einfach im Stich gelassen. Schließlich kenne ich Carl ja kaum!«

»Aber inzwischen wohl ein wenig besser, nicht wahr?« neckte Susanne. »Übrigens, wir kennen Carl gut genug. Ihm kannst du vertrauen. Er ist nett und harmlos.«

Anna wandte rasch den Kopf: »Ja, harmlos, das scheint mir das richtige Wort.« Sie lächelte vielsagend.

»Ich verstehe kein Wort. Erzählt mir, was geschehen ist!« mischte sich nun auch Regina, eine andere Zettlerin, ins Gespräch.

»Nun, wir führten gestern unsere Kleine zum Tanz nach Kleinhüningen, und dann . . .« Anna schmückte die Aufbruchsszene im Wirtshaus mit allerlei Vermutungen aus.

Lisa blickte verlegen zu Boden und wußte nichts zu erwidern.

»Ach, ihr habt es gut«, unterbrach Regina, »ich mußte den ganzen Tag über waschen, bügeln, Kleider flicken. Erst gegen Abend schaffte ich es, nach draußen zu gehen. Ich holte Albert in der Gartenwirtschaft ab, dort hat er den ganzen Nachmittag lang Karten gespielt. Manchmal wünsche ich, ich hätte nie geheiratet!«

»Denk nur an deinen Jungen«, meinte Anna tröstend. »Was würdest du ohne Martin machen? Und vergiß nicht, daß ich Oskar immer nur am Wochenende treffen kann. Du dagegen siehst Albert täglich.«

»Das stimmt allerdings . . .« Reginas Miene war abzulesen, wie wenig sie gerade der letzte Einwand überzeugte.

Lisa hörte nicht mehr zu, ihre Augen glitten über die anderen hinweg und suchten unauffällig nach Carl. Wenn er jetzt zu mir käme! Sie wünschte es, und gleichzeitig hatte sie Angst davor. Worüber sollte sie mit ihm sprechen, noch dazu wenn ihre spottenden Freundinnen dabei waren. In Gedanken legte sie sich Sätze zurecht, unverfängliche Alltagssätze. Aber alles klang so lächerlich, so nichtssagend.

In diesem Augenblick packte jemand Lisa am Arm. Erschrocken fuhr sie herum. Neben ihr stand eine junge Zettlerin, Marianne. Mit weit aufgerissenen Augen blickte sie verstört um sich und rang nach Atem. Sie mußte den ganzen Weg gerannt sein. Endlich stieß sie ein paar Satzfetzen hervor:

»Die Polizei . . . sie haben sie geholt . . . mein Gott, und das Blut auf dem Abtritt, die Arme, ins Gefängnis muß sie!«

Mariannes Aufregung übertrug sich sofort auf die Umstehenden. Neugierige Gesichter wandten sich ihr zu, rasch bildete sich ein Ring um sie.

»Langsam! Von wem sprichst du? Erzähl der Reihe nach!« Regina versuchte Ordnung in Mariannes Wortschwall zu bringen.

»Elsa«, keuchte sie, »es ist furchtbar, sie haben sie verhaftet, denkt nur.«

Ein Raunen ging durch die Reihen der Zuhörerinnen. Habt ihr gehört, die Elsa verhaftet . . . Und dann erklang der Gong. Unweigerlich rief er zur Arbeit.

Zwei Minuten später war die Hammerstraße wie leergefegt. In den hellen Fabrikräumen schien alles wie gewöhnlich. Die Webstühle lärmten, die Zettlerinnen drehten die Trüllen. Sogar Marianne saß tief gebeugt über ihren Fäden. Und doch, wurde nicht mehr geflüstert als üblich, setzte sich nicht ein Wispern von Tisch zu Tisch fort, begleitet von unruhigen Blicken?

Lisa dachte an den vergangenen Tag. Nun hatte Bettina doch recht behalten. Die Polizei hatte Elsa geholt. Aber warum nur? Blut auf dem Abtritt, was war denn schon dabei, oder hatte sich die Unglückliche etwas angetan?

»Psst.«

Susanne nickte Lisa zu und deutete warnend mit dem

Kopf nach vorne. Herr Knecht begann eben seinen Kontrollgang. Er spürte sofort, daß etwas nicht stimmte. Was mochten die Frauen wieder ausgeheckt haben? Sicher war es gegen ihn gerichtet. Sie haßten ihn, weil er Pünktlichkeit und Einsatz forderte. Dabei tat er nichts als seine Pflicht. Ohne drohende Strafen würden sie nur schwatzen und faulenzen. O ja, geschwätzig waren sie. Er fürchtete sich vor den spitzen Zungen einiger Arbeiterinnen, dieser Anna zum Beispiel. Argwöhnisch blickte Knecht in die Runde. Nichts Ungewöhnliches war zu hören oder zu sehen. Und doch fühlte er die Spannung in der Luft.

Neunzehn Augenpaare verfolgten seinen Gang zwischen den Zetteltischen hindurch. Plötzlich blieb er stehen, er hatte den leeren Platz entdeckt. Sein Körper straffte sich, die Stimme klang schneidend:

»Nun beginnen die Absenzen schon wieder. Die meint wohl, sie kann sich alles erlauben, weil sie flink und genau arbeitet. Weiß jemand, wo Elsa steckt?«

Die Frauen hatten bei Knechts erstem Wort mit der Arbeit innegehalten, aber keine sagte etwas. Marianne sah trotzig zu Boden.

»Marianne weiß etwas, Werner!«

Rosas spitze Worte platzten in die gespannte Stille hinein. Genüßlich betonte sie den Vornamen, um zu zeigen, daß sie den Vorarbeiter duzte. Knecht schaute erst zu Rosa, dann zu Marianne.

»Also«, breitspurig stellte er sich vor sie hin, reckte das Kinn und blickte sie auffordernd an.

Marianne hob langsam den Kopf, sie sprach leise und stockend:

»So genau weiß ich es auch nicht. Nur die Polizei war heute bei uns . . . im Kosthaus. Elsa schläft im Zimmer neben mir. Sie haben sie mitgenommen. Die Hauswirtin hat den Abtritt verschmiert vorgefunden und . . .«

»Und? Ich verstehe nicht, los!«

»Ja, sie meint, Elsa hat ein Kind geboren . . . und es auf dem Abtritt . . . umgebracht.«

Augenblicklich herrschte Totenstille, alle schienen den Atem anzuhalten. Ein ungeheurer Verdacht war ausgesprochen worden. Entsetzen spiegelte sich in den Gesichtern. Daran änderte sich auch nichts, als Marianne hastig hinzufügte: »Aber bewiesen ist gar nichts, sie haben das Kind nicht gefunden.«

»Also eine Kindsmörderin . . .« Knecht nahm das furchtbare Wort in den Mund, Ärger schwang in seiner Stimme mit. Ich hab' es doch gewußt . . . dachte er, warum hab' ich mich nur täuschen lassen! Von Anfang an hatte er gespürt, daß man diesen Frauen nicht trauen konnte. Was würde der Direktor sagen? Polizei, womöglich noch im Haus! Er hätte doch merken müssen, daß die Frau ein Kind erwartete, und entsprechend handeln sollen. Zu nachsichtig und vertrauensselig war er, jawohl. Vor rund zwei Monaten hatte er Elsa schon zur Rede gestellt, weil sie morgens des öfteren fehlte. Sie solle zugeben, daß sie in anderen Umständen sei. Aber sie hatte alles heftig abgestritten. Und wenig später hatte sie ihm einen Hebammenschein unter die Nase gehalten. Da hatte schwarz auf weiß gestanden, daß Elsa Heinrichs aus St. Gallen nicht schwanger sei. Gelogen mußte das gewesen sein, und er hatte sich übertölpeln lassen! Weil Elsa am schnellsten und sorgfältigsten arbeitete, hatte er ihr gerne geglaubt. Aber eben – durchtrieben waren sie alle, ohne Ausnahme. Vielleicht hatte sie das alles nur vorgetäuscht, um ihn zu ärgern? Verwundern würde es ihn nicht. Wenn das der Direktor erfuhr, er wagte kaum daran zu denken. Schon jetzt hörte er die Stimme: Knecht, du hast jämmerlich versagt!

Unruhig ging er auf und ab. Erst nach einer Weile bemerkte er, daß die Zettlerinnen noch immer herumstanden, sprachlos die einen, eifrig flüsternd die anderen. Ja, so waren sie, jede Gelegenheit zu einer Pause benützten sie sofort.

»Los, an die Arbeit«, fauchte er, »haben wir etwa Sonntag? Ich ziehe euch allen vom Lohn ab!«

Lisa kehrte mit den anderen an ihren Platz zurück. Sie war völlig durcheinander. Nein, das konnte doch nicht wahr sein. Elsa, eine Kindsmörderin. Die kleine, unscheinbare Frau. Kindsmörderinnen gab es nur in Geschichten. In den Schauergeschichten, die Vater manchmal erzählt hatte, als Lisa noch ein Kind war. Und die gehörten nicht in die Wirklichkeit.

Lisa hätte in diesem Moment viel darum gegeben, wenn sie wieder das kleine Mädchen gewesen wäre, für das die Welt unzählige Wunder geborgen hatte! Dem der Webstuhl in der elterlichen Stube wie ein riesiges Fabeltier erschienen war. Unter ihm hatte sich die kleine Lisa zusammengekauert, wenn sie entwischen konnte. Und während sie beobachtet hatte, wie die zwölf bunten, kostbaren Seidenbänder sich gleichzeitig Meter um Meter hervorschlängelten, hatte sie ihrer Phantasie freien Lauf gelassen: Sie war plötzlich selber eine der vornehmen Damen in Paris, Brüssel oder Amsterdam. Madame Lisa trug die teure Seide nach neuester Mode am Hut, an der Bluse und am Rocksaum. Sie fuhr Kutsche und behandelte ihre vielen Diener mit Herablassung.

Stundenlang hätte sie als Kind so träumen können, wenn sie ihre Eltern nicht immer wieder aus ihrem Versteck gezerrt und sanft, aber bestimmt ans Spulrad gesetzt hätten. Das waren ihre größten Sorgen gewesen: daß sie Seidenfäden spulen oder die fertigen Bänder auf den Haspel winden und in Kartons verpacken mußte, obwohl draußen die Sonne schien. Der Bote wollte die Ware mitnehmen, damit die Bänder von Basel aus in alle Welt verschickt werden konnten.

Wie schön hatte sie es doch als Kind gehabt! Immer war da jemand gewesen, der sie kurz in den Arm nahm, wenn sie sich fürchtete, oder der die Tränen trocknete, wenn sie wegen einer traurigen Geschichte heulen mußte.

Elsa, eine Kindsmörderin.

Die drei Wörter setzten sich in ihrem Gehirn fest. Das hier war keine Geschichte, sondern kalte Wirklichkeit. Und niemand würde sie trösten. Sie war von zu Hause weggezogen in diese fremde, unfreundliche Stadt und mußte sich selbst durchschlagen. Sie war allein und schutzlos, was auch immer geschehen würde. Lisas Hände zitterten, als sie die neue rote Seidenspule aufsteckte und wieder mit der Arbeit begann.

6

In der engen, verrußten Küche herrschte gespannte Stille. Frau Grabers Kostgängerinnen hatten sich wie jeden Abend auf die schmalen Holzbänke gezwängt. Die vierzehn Frauen hielten ihre Köpfe tief über die weißen oder geblümten Teller gebeugt. Schweigsam löffelten sie ihre wäßrige Kartoffelsuppe. Keine sagte ein einziges Wort. Nur das Klappern der Teller und Bestecke war zu hören. Lisa rührte lustlos in der gelblichen Brühe. Obwohl sie den ganzen Tag kaum etwas gegessen hatte, brachte sie keinen Bissen hinunter. Ihre Kehle war wie zugeschnürt. Trotz der körperlichen Nähe der anderen Frauen fühlte sie sich vollkommen allein. Beklommen schielte sie über ihren Teller hinweg zu Bettina und Anna. Auch sie schwiegen. Gedankenverloren bissen sie in das harte dunkle Brot.

Kurz zuvor war es unter den Frauen zu einem heftigen Streit gekommen. Es ging um Elsa.

Schon während des ganzen Tages war hinter vorgehaltener Hand über Elsa geflüstert worden. Die unglaublichsten Vermutungen hatten kursiert: Elsa habe ihr Kind zuerst mit ihren eigenen Händen erwürgt und erst dann in den Abtritt geworfen; oder sie habe mit wildem Lachen und den Worten: »Ich hasse dich, du Wurm!« das kleine, hilflose Wesen in der Waschschüssel ertränkt.

Und plötzlich wollten viele es schon immer gewußt haben: in Elsas scheuem Blick lag etwas Unehrliches. Was hatte sie sonst noch zu verbergen?

Immer fassungsloser hatte Lisa Bruchstücke dieser blutrünstigen Gerüchte aufgeschnappt. Innerhalb eines Nachmittags war Elsa in den Erzählungen der Fabrikarbeiterinnen zu einer skrupellosen und gemeingefährlichen Person geworden. Diese Elsa besaß keine Ähnlichkeit mehr mit der unauffälligen Zettlerin von früher. Und dennoch – hatten diese Schauergeschichten nicht einen wahren Kern? Wie wäre es sonst zu erklären, daß sie ihr Kind getötet hatte? Gab es ein schlimmeres Verbrechen?

»Sie hat schließlich schon ihr erstes Kind beinahe zu Tode geprügelt!« Grete am oberen Tischende nahm, ungerührt der bedrohlichen Spannung, das Thema wieder auf. Sie sah mit bedeutsamem Blick in die Runde.

Nun explodierte Anna förmlich vor Wut.

»Spar dir endlich dein dummes Geschwätz«, fauchte sie, »woher willst du denn das wissen?«

»Meine Freundin hat einen Bekannten, und der hat es von einem Kollegen gehört . . .«

»Und der von einem Freund und dieser wieder . . .«, fiel Anna ihr wütend ins Wort. »Oh, diese Gedankenlosigkeit! Schämen sollst du dich. Plumpe Lügen erzählst du weiter! Dabei kennst du Elsa nicht einmal vom Sehen. Merkwürdig, daß gerade du soviel über sie weißt! Hör zu«, Anna beugte sich vor, ihre Stimme bekam einen drohenden Unterton, »Elsa ist eine ganz gewöhnliche Frau wie du und ich, vielleicht etwas unglücklicher, aber dafür um einiges anständiger und intelligenter als du. Die Geschichten von der brutalen Mörderin kannst du gleich vergessen. Wenn du weiterhin solche Hirngespinste verbreitest, kriegst du es mit mir zu tun! Das versprech' ich dir!«

Grete schnitt ein beleidigtes Gesicht. Doch war es wohl klüger, Anna nicht zu widersprechen. Ihr war alles zuzutrauen, wenn sie einmal in Zorn geriet. Gretes Freund nannte sie nicht zu Unrecht ein Reibeisen.

»Aber die Polizei hat Blutspuren gefunden!« wagte Bettina einzuwenden, »und schwanger war sie ganz bestimmt! Da kannst du sagen, was du willst.«

Der Streit entbrannte aufs neue.

Plötzlich platzte Frau Graber in die Küche, den nassen Scheuerlappen in den Händen.

»Besuch für Lisa«, sagte sie und deutete kurz mit dem Kopf auf den Flur.

Lisa schrak hoch. Wer mochte das sein? Kathrin vielleicht? Oh, mit ihr würde sie gerne über die Ereignisse sprechen. Sie würden einander verstehen. Doch vor der Tür wartete, einen braunen Kittel locker über die Schulter gehängt, Carl. Verlegen räusperte er sich und streckte ihr die Hand entgegen.

»Guten Abend, eh, ich kam zufällig hier vorbei und dachte, du kommst vielleicht mit auf einen Spaziergang?«

Lisa fühlte sich überrumpelt. An Carl hatte sie überhaupt nicht mehr gedacht, und einen Augenblick lang zögerte sie. Dann lief sie rasch nach oben und zerrte ihren breiten Schal aus der Kommode. Ein bißchen Luft und ein paar Schritte würden ihr gut tun.

Wenig später trat sie mit Carl auf die Straße. Es war schon beinahe dunkel. Eine Katze sprang aus einem düsteren Hauseingang und strich kurz um ihre Beine. Lisa verscheuchte sie mit einem Händeklatschen. Schweigend gingen die beiden nebeneinander her.

»Hast du einen guten Tag gehabt?« fragte Carl endlich etwas unbeholfen.

Lisa schüttelte heftig den Kopf: »Ich habe die ganze Zeit an Elsa denken müssen.«

»Elsa?« Carl runzelte fragend die Stirn. »Ach so, diese Frau, die verhaftet worden ist. Ja, natürlich, sie hat in der Zettlerei gearbeitet. Auch bei uns ist heftig darüber geredet worden. Hast du sie gekannt?«

»Nicht besonders gut, nur vom Sehen.«

Carl lachte spöttisch. »Wie dankbar sie sind, wenn so was passiert. Dann können sie phantasieren und tratschen. Wenn sie nur ihre kleine Sensation haben. Wirst sehen, in ein paar Wochen haben sie alles vergessen und lauern gierig auf neuen Klatsch. So ist das eben.«

Verwundert starrte Lisa in das lachende Gesicht ihres Begleiters. Wie gelassen und überlegen er von dem Vorfall sprechen konnte! Ohne Entsetzen, ohne Angst oder Schrecken. Ohne für oder gegen Elsa Partei zu ergreifen. Keine blutrünstigen Geschichten, keine bedingungslose Verteidigung. So ist das eben, hatte er gesagt. Eine einfache, nüchterne Feststellung.

Carls Gelassenheit tat Lisa gut. Er war nicht zwischen widerstreitenden Gefühlen hin- und hergerissen wie sie selbst. Er stand nicht klar auf der einen oder anderen Seite wie die Fabrikarbeiterinnen. Sie spürte eine große Erleichterung, er würde ihr zuhören, ihm konnte sie sich anvertrauen.

Unvermittelt fing Lisa an zu erzählen. Am Anfang noch etwas zögernd, stockend, dann immer hastiger. Von ihrem Schock am Morgen, den schrecklichen Gerüchten, der Verlorenheit und Einsamkeit in der Fabrik, und von den Arbeiterinnen, die Elsa verteidigten und keine Widerrede duldeten.

»Ob sie das Kind umgebracht hat oder nicht, spielt keine Rolle. Wir müssen ihr helfen. Wie oft habe ich meine Kinder schon zum Teufel gewünscht, wenig hätte gefehlt und ich . . .« Unvermittelt hatte Gertrud ihre Rede abgebrochen mit einem Ausdruck im Gesicht, den Lisa nie vergessen würde.

Den ganzen Nachmittag hatten sich in Lisas Kopf die Fragen überstürzt. Warum nahmen einige Elsa so sehr in Schutz? Selbst wenn sie ihr Kind getötet hatte! Wie konnten sie ein solches Verbrechen entschuldigen? Vielleicht nicht nur aus Mitleid . . .? Und diese Frauen hatte sie gestern noch als ihre Freundinnen bezeichnet. Ihnen hatte sie vertraut. Aber jetzt . . .

Lisa begann zu schluchzen.

»Ich weiß überhaupt nicht mehr, was ich denken soll«, versuchte sie zu erklären. »Wie können sie nur . . .« Ihre Worte gingen in den Tränen unter. Lisa fühlte Carls Arm um ihre Schultern, seine Hände streichelten zärtlich ihr Haar.

»Schon gut«, flüsterte seine Stimme nahe an ihrem Ohr, »weine nur, das hilft.«

Nach und nach beruhigte sie sich. Carl hielt sie fest umarmt, seine Schultern schützten sie vor neugierigen Blicken. Ein älterer Mann bog in das Schafgäßlein ein. Kopfschüttelnd schlurfte er an den beiden vorüber und murmelte etwas von »früher« und »Liebespaaren«. Mit einem geräuschvollen Spucken verlieh er seinem Unmut Nachdruck.

Wider Willen mußte Lisa lächeln. Carl wischte ihr ein paar Tränen von den Wangen.

»So gefällst du mir schon besser, komm.«

Hand in Hand schlenderten sie zum Fluß hinunter. Vom Großbasler Ufer schimmerten die Lichter durch die hohen Fenster der vornehmen Häuser herüber. Carl und Lisa setzten sich ins Gras, noch war es warm genug.

»Du nimmst alles viel zu ernst.« Carl tadelte sie nachsichtig. »Die Polizei wird die Wahrheit herausfinden. Hat Elsa ihr Kind getötet, dann wird sie bestraft. Solche Verbrechen kommen immer wieder vor. Daran kannst du nichts ändern.«

Lisa schwieg. Sie wollte nicht mehr über die schrecklichen Ereignisse sprechen. Carls Nähe hatte sie beruhigt, und das war gut so. Sie spürte seine Arme, seine Wärme, seinen Geruch. Vom Rhein her hörte sie das Glucksen der Wellen, wenn sie sanft die Ufersteine umspielten.

Unvermutet sprang Carl auf.

»Komm, ich will dir meinen Freund vorstellen, das wird dich ablenken.«

Mit verheißungsvollem Blick zog er Lisa hoch und rannte, das Mädchen mit sich ziehend, flußabwärts.

Kurz vor der Kaserne hielten sie erschöpft inne. Carl lehnte sich atemlos an eine der fünf riesigen, kerzengeraden Pappeln. Auch Lisa keuchte laut. Dann brachen sie beide in Gelächter aus.

»Psst.«

Mit geheimnisvollem Gesicht führte der Junge Lisa die schmale Böschung zum Wasser hinunter. Erst jetzt entdeckte sie den flackernden Schein einer Lampe. Er ließ die Umrisse einer gebückten Gestalt erkennen. Beim Näherkommen fielen Lisa die riesigen Stiefel auf, die dem Mann bis über die Knie hinaufreichten. Dann sah sie das flache, schmale Boot. Die Laterne stand im Bug am Boden, sie warf den Schatten der Gestalt und zweier großer Holzbottiche über den Bootsrand hinaus auf das schwarze Wasser. Der Fischer war mit einem dunklen Bündel im Heck beschäftigt.

Erst als die beiden direkt neben ihn traten, richtete er sich auf und wandte ihnen den Kopf zu. Zuerst fiel Lisa der breite Schnurrbart auf. Zusammen mit den buschigen Augenbrauen verlieh er dem Fremden einen beinahe grimmigen Ausdruck. Aber helle, wache Augen leuchteten aus dem von Falten durchfurchten Gesicht.

»Sieh an, der Carl. Schön, daß du mich besuchst.«

Der Alte nahm gemächlich seinen Stumpen aus dem Mund und stieß eine Rauchwolke aus. Er klopfte Carl freundschaftlich auf die Schulter. Dann sah er Lisa an. Der Junge stellte sie hastig als »eine Freundin« vor. Sie errötete, als der Fischer sie ruhig von oben bis unten musterte. Ein kurzer Gruß, und der Alte wandte sich wieder seiner Arbeit zu, ohne sich weiter um seine Besucher zu kümmern. Eine Weile schauten sie schweigend zu, wie er das Netz genauestens überprüfte.

»In einer Viertelstunde fahre ich aus«, brummte er, »du könntest mir helfen, und wenn das Fräulein sich nicht fürchtet, kann sie im Bug Platz nehmen.«

Lisas Augen strahlten. O nein, sie hatte keine Angst! Nur allzu gerne wollte sie mit auf den Fluß.

Kurze Zeit später standen der Alte und Carl im Boot und ruderten mit ruhigen regelmäßigen Stößen gegen die Strömung rheinaufwärts. Fast lautlos tauchten die Ruder in das Wasser ein, das schmale Boot pflügte sich langsam den Weg durch die schwarzen Massen. Lisa saß zusammengekauert vorne im Schiff und beobachtete die kleinen weißen Schaumkrönchen, die rechts und links vom Bug wegsprangen. Weit in der Ferne, über dem Wartenberg, bemühte sich der Mond vergebens, mit seinem Schein durch die Wolken zu dringen. Nur ein heller Fleck zeichnete sich am Himmel ab. Die Nacht blieb dunkel.

Schon bald lagen die Rheinbrücke und das Münster hoch über der Pfalz hinter ihnen. Bäume und Büsche säumten das Ufer. Weit oberhalb des Letziturms auf Großbasler Seite gab der Alte, ruhig und bestimmt, seine knappen Anweisungen. Carl sollte zum Bug gehen und ihm beim Auswerfen des Netzes helfen. Lisa mußte mit dem Ruder das Boot stets quer zur Strömung halten. Lisa erhob sich eifrig, so daß das Schiff gefährlich zu schwanken begann.

»Langsam«, warnte der Fischer gutmütig. Sorgfältig legte er das Netz an der Seitenwand des Bootes bereit und ergriff dann Meter um Meter des grobmaschigen Gewebes. Die beiden Männer ließen es sachte ins Wasser. Wie ein Teller breitete es sich aus. Lisa bemühte sich derweil angestrengt, mit dem schmalen Ruder das Boot auszulenken. Aber immer wieder legte es sich gierig in die Strömung. Zwischendurch mußte der Alte eingreifen, und Lisa kam sich schrecklich ungeschickt vor.

Das Netz war nicht lange im Wasser, ihr Boot trieb leise flußabwärts, als der Alte plötzlich rief: »Auf!« Nun begannen die Männer zu ziehen. Für die Fische im Netz gab es kein Entrinnen mehr. Unweigerlich zog sich das Garn von beiden Seiten zusammen. Gemeinsam hievten sie das Netz ins Boot. Im Mondschein erkannte Lisa die zappelnden und blitzenden Fischleiber. Mit flinken Hän-

63

den befreite sie der Alte und warf sie in die mit Wasser gefüllten Holzbottiche. Carl zeigte sich viel unbeholfener. Lisa lachte laut auf, als eine zuckende Äsche ihm zum drittenmal aus den Fingern schlüpfte.

Der Fischer schien nicht zufrieden.

»Keine einzige Barbe ist darunter«, murmelte er enttäuscht, »hoffentlich ist der nächste Fang besser.«

Noch viermal warfen sie die Netze aus. Und als sie das beladene Boot endlich ans Ufer zogen, schmunzelte der alte Mann.

»Ihr habt mir Glück gebracht, ihr beiden. So viele Barben und Äschen habe ich schon lange nicht mehr gefangen. Das müssen wir feiern. Habt ihr Lust auf frischen Fisch?«

Er zwinkerte ihnen fröhlich zu. Ohne eine Antwort abzuwarten, verschwand er im schiefwinkligen Schuppen oberhalb des Rheinwegs. Nun galt es, die gefangenen Tiere auf mehrere Holzbottiche zu verteilen. Der alte Mann bemerkte Carls erstaunten Blick.

»Solange sie leben, sollen sie sich bewegen können, alles andere ist Tierquälerei.«

Bald flackerte ein Feuer. In einer Pfanne auf einem einfachen Metallgestell brutzelten die Fische. Ein vielversprechender Duft verbreitete sich. Lisa spürte auf einmal einen Bärenhunger. Sie hatte heute noch kaum etwas gegessen. Alle drei rückten nahe an das Feuer, es war kühl geworden. Als Lisa ihre Zähne in das zarte, weiße Fleisch grub und das Öl von ihren Fingern tropfte, dachte sie keinen Augenblick mehr an die schrecklichen Erlebnisse des Tages.

Da – von der Martinskirche tönte die Glocke herüber. Halb zwölf, du meine Güte! Unwillkürlich schrak Lisa zusammen, entspannte sich jedoch gleich wieder. Wer durfte ihr denn noch befehlen? In ihrer Freizeit konnte sie tun und lassen, was sie wollte. Weder die Mutter noch eine Tante konnten ihr vorschreiben, wann sie heimkehren mußte. Und Frau Graber kümmerte sich wenig um ihre Kostgängerinnen, solange sie bezahlten und ihr kein Mann ins Haus kam. Der Kuppelei wollte sie nicht angeklagt werden, das Geld für die Buße hätte sie gereut. Lisa lächelte zufrieden vor sich hin. Morgen würde sie todmüde sein, aber im Augenblick hielt sie der kühle Nachtwind wach. Freiheit, die Träume von damals, zu Hause in der Posamenterstube. Die Freiheit trug verschiedene Namen. »Basel«, am Anfang, später hieß sie »Fabrik«. Und heute?

Eine Weile war nur das Knistern des Feuers zu hören. Irgendwo bellte ein Hund. Der Himmel war nur noch leicht bedeckt, zuweilen trat der Mond zwischen den Wolken hervor. Sein Schein zeichnete die Silhouette der Rheinbrücke.

»Merkwürdig«, unterbrach Carl die Stille, »wißt ihr, warum die Brücke zur Hälfte aus Stein und zur anderen aus Holz gebaut ist? Hat das etwas mit dem Türmchen in der Mitte zu tun?«

Der Alte blies eine Rauchwolke aus.

»Von der Brücke weiß ich wenig, nur über den Turm kann ich was erzählen. Man nennt ihn Käppelijoch. Früher beteten dort die Verurteilten ein letztes Mal, bevor sie mit gefüllten Rindsblasen am Hals ins Wasser gestoßen wurden. Hände und Füße hatte man ihnen zusammengebunden. ›Tod durch Ertränken‹ hieß das. Nur das Gottesurteil konnte sie noch retten. Wenn es ihnen gelang, sich bis zum St. Johannstor an der Wasseroberfläche zu halten, wurden sie von bereitstehenden Fischern an Land gezogen. Man sah darin ein Zeichen Gottes, das die Unschuld des Verurteilten bewies.«

Mit Schaudern blickte Lisa zu dem spitzen, verzierten Dach hinüber. Im Geiste sah sie den Priester auf der Brücke stehen, die Hand zum Segen erhoben. Der Schuldige, gehalten von zwei strammen Soldaten, niedergekauert. Gewicht und Schuld drückten ihn zu Boden. Den Blick gesenkt, trostlos. Und dann, dicht gedrängt, stand da die Menge, neugierig, lüstern auf das Spektakel. Sie stießen sich in die Seite, rempelten sich an, um einen besseren Platz zu ergattern.

»Kam das oft vor?« Ihre Stimme klang gepreßt.

Der Fischer zuckte die Schultern.

»Bei Hexen halt, und Mörderinnen, es waren vor allem Frauen. Aber so genau weiß ich das auch nicht.«

Mörderinnen, das Wort hallte in ihr nach. Mörderin, Kindsmörderin, Tod durch Ertränken. Ein eisiger Schreck durchfuhr das Mädchen. Elsa . . . würde sie . . .?

»Und heute?« fragte sie hastig.

»Heute gibt es das nicht mehr. Heute werden schlimme Verbrecher mit dem Schwert hingerichtet. Aber das kommt kaum mehr vor. Im Aargauischen dagegen ist gerade vor kurzer Zeit . . .«

Die Worte verschwammen. In Lisas Ohren rauschte es. Mit dem Schwert hingerichtet. Mörderinnen. Die scheue, schmächtige Frau am Zetteltisch. Kalte Angst packte das Mädchen. Wie hatte sie sich nur einen Moment einbilden können, alles würde sich regeln! Aus, der kurze, friedliche Traum von Freiheit und Geborgenheit. Die Wirklichkeit hatte sie hinterrücks wieder eingeholt.

Kreideweiß im Gesicht erhob sie sich.

»Ich möchte gehen«, flüsterte sie tonlos.

»Du, was ist?« Erschrocken wandte Carl den Kopf. Aber Lisa rannte bereits die Böschung hinauf. Sie wußte selbst nicht, warum sie weinte. Blind vor Tränen, stolperte sie vorwärts. Nach Hause, unter der Decke heimlich weinen, alles vergessen, schlafen, schlafen, nie mehr aufwachen.

Kurz vor der Greifengasse hatte Carl sie eingeholt. Er packte sie am Arm.

»Was ist denn los, Lisa?«

»Laß mich!« Das Mädchen schüttelte sich vor Schluchzen.

»Komm, sag doch, was los ist. Denkst du schon wieder an diese Elsa? Was geht sie dich an? Jetzt hast du uns den ganzen schönen Abend verdorben.« Ärger und Enttäuschung schwangen in seiner Stimme mit. »Komm, gib mir einen Kuß, dann kannst du alles vergessen.«

Rasch drückte er Lisa an sich, sie fühlte die eiserne Umklammerung seiner Arme. Sein Mund näherte sich dem ihren. Sie roch seinen Atem, den Geruch von verbranntem Öl und gebratenem Fisch.

Ein Schrei hallte durch die nächtliche Gasse. War das ihre eigene Stimme? In wilder Panik schlug Lisa um sich. Der harte Griff der Arme löste sich jäh. Ohne sich umzusehen, stürzte Lisa davon. Fort, fort, schlafen und vergessen. Das Dröhnen des eigenen Herzschlages, lauter als die hallenden Schritte. Ihr Blick starrte ins Leere, als sie sich keuchend im Flur an die verriegelte Haustüre lehnte.

Carl stand noch immer wie angewurzelt an derselben Stelle. Was hatte sie bloß? So zu erschrecken, warum wehrte sie sich? Enttäuscht schüttelte er den Kopf. Er war sich keiner Schuld bewußt.

»Da verstehe einer die Frauen.«

Der uralte Spruch verletzter Männlichkeit. Unsicher und traurig trat Carl den Heimweg an.

7

Vor drei Tagen war Elsa verhaftet worden, und drei Tage lag jener unglückselige Abend mit Carl zurück. Lisa hatte sich seither nach dem Nachtessen gleich ins Bett gelegt. Heute verzichtete sie sogar auf das harte Brot und die wäßrige Suppe. Sie mochte sich nicht zu den anderen an den langen Holztisch setzen, sie fühlte sich unter den Kostgängerinnen fremd.

Nur schlafen, dachte Lisa, schnell einschlafen, und dann aus dieser Geschichte erwachen wie aus einem bösen Traum!

Das Mädchen konnte sich nicht genau erklären, was

dort am Rheinufer mit ihr geschehen war. All die verwirrenden Gefühle. Sie hatte sie nicht einordnen können. Und dann Carls Zudringlichkeiten, ausgerechnet in jenem Augenblick. Als ob sich mit einem Kuß alles wieder gutmachen ließe! Für Carl war das Leben so einfach. Lisa war ihm in den vergangenen drei Tagen ausgewichen, der Gedanke an seine Nähe bereitete ihr Unbehagen. – Doch es war nicht nur Carl.

Auch im Verhältnis zu ihren Arbeitskolleginnen hatte sich etwas verändert. Sie zog sich deutlich von ihnen zurück. Morgens stand sie eine Viertelstunde früher auf, um in der Küche Anna nicht zu begegnen. Alleine machte sie sich auf den Weg in die Fabrik, verdrückte in der Mittagspause stumm ihr Brot und beeilte sich abends, vor den anderen den Zettelsaal zu verlassen. Sie wartete auf niemanden, Gesprächen wich sie aus. Teilnahmslos stand sie daneben, wenn die Frauen über Elsa sprachen.

Die Meinungen blieben geteilt. Für die einen stand fest, daß die Verhaftete schwanger gewesen war und ihr Kind umgebracht hatte. Die anderen nahmen Elsa in Schutz, ohne danach zu fragen, was genau vorgefallen war. Besonders die Frauen, die Lisa am besten kannte, Anna, Susanne und Regina, hielten bedingungslos zu der Verdächtigten.

Lisa drehte sich im Bett von der einen Seite auf die andere. Trotz Müdigkeit und Erschöpfung fand sie keinen Schlaf. Unablässig kreisten ihre Gedanken um Elsa und um die Fabrikarbeiterinnen, die so eindeutig für oder gegen Elsa Stellung nahmen. Sie selbst konnte und wollte sich nicht in die Auseinandersetzung einmischen. Je mehr Zeit verging, desto stärker wurden ihre Unsicherheit und ihr Mißtrauen, so daß sie sich unter den Zettlerinnen immer einsamer fühlte.

Plötzlich sah das Mädchen Vater und Mutter vor sich stehen. Die Geschwister und die vertraute Stube. Nicht eng und düster zeigte sie sich, nein, sie war sonnig und warm. Lisa gehörte doch nach Reigoldswil, zu ihren Eltern und zur Verwandtschaft im Dorf. Dort wäre sie keine Fremde, dort lockten Geborgenheit und sicheres Aufgehobensein. Hatte Mutter sie nicht vor den Fabrikarbeiterinnen gewarnt? »Hüte dich vor diesen Frauen! Sie denken nur ans Vergnügen, sie kennen keinen Anstand und keine Moral.« Mutters Stimme klang in Lisas Ohren. Sollte sie doch recht behalten? Noch vor wenigen Tagen hätte das Mädchen diese Ansicht strikte von sich gewiesen. Aber jetzt?

Ganz einfach Basel den Rücken zukehren und heimgehen ins Dorf? Wäre das nicht das Beste? – Oder war es dafür auch schon zu spät? Lisa war jetzt selbst eine Fabrikarbeiterin. Bestimmt hatten alle erfahren, daß sie von Onkel und Tante weggelaufen war, daß es ihr da nicht gepaßt hatte, daß sie mehr wollte und sich mit den verrufenen Fabrikmädchen eingelassen hatte. Schief ansehen würde man Lisa, als eine, für die das Dorfleben offenbar nicht gut genug war. Keine herzliche Aufnahme erwartete sie, keine Geborgenheit. Nein, ein Zurück war nicht mehr möglich . . .

Lisa kämpfte mit den Tränen. Sie mußte in Basel bleiben, inmitten einer feindlichen Umgebung, die sie nicht verstand. Sie gehörte jetzt zu Anna, Susanne, Regina . . . und Elsa. Zu diesen Frauen, die ihr so fremd waren. Mit denen sie gar nichts verband. Und die Lisa in diesem Augenblick beinahe haßte.

Wie sollte sie das ertragen?

Verzweiflung packte sie. Sie schnappte nach Luft, hatte plötzlich das Gefühl zu ersticken. Abgeschnitten von der Welt. Niemand, der sie tröstete, niemand, der sie in die Arme schloß. Lisa stürzte zum kleinen Dachfenster und atmete tief. Sie mußte etwas tun! Sie mußte einen Menschen finden, der ihr zuhörte! Schluchzend setzte sie sich auf den Bettrand und begann, ihre Schuhe zu schnüren. Tränen verschleierten ihren Blick. Beinahe blind rannte sie die Treppe hinunter und schlug den Weg Richtung St. Alban ein. Wie schon einmal war

Kathrin ihre letzte Hoffnung. Mit ihr würde sie reden können . . .

»Es tut mir leid, aber Kathrin ist zur Zeit unabkömmlich.«

Den Rest hörte Lisa nicht mehr. Nur noch den dumpfen Ton, mit der die Türe ins Schloß fiel.

Lisa stolperte durch den finsteren Flur. Im Erdgeschoß blieb alles dunkel, nur durch die Ritzen von Frau Grabers Schlafkammer, gleich hinter der Küche, drang ein schwacher Lichtschimmer. Lisas Herz pochte dumpf, im Kopf eine große Leere, die Beine bleischwer. Sie tastete nach dem Treppengeländer und schleppte sich langsam hoch. Die Stufen nahmen kein Ende.

»Aua!«

Das Schienbein schmerzte. Jemand hatte einen Waschzuber im Flur des ersten Stockes stehen lassen. Der stechende Schmerz im linken Bein holte Lisa für einen Augenblick in die Wirklichkeit zurück. Plötzlich gab es noch etwas anderes neben ihrer Verzweiflung. Schmerz kam zu Schmerz. Vorsichtig setzte sie ein Bein vors andere, bis sie den zweiten Stock erreichte. Gleich links ihre Schlafkammer. Auch hier oben nichts als Dunkelheit. Leise die Türklinke drücken, ein knarrendes Geräusch. Die Petroleumlampe auf dem Holzboden flackerte unruhig im Luftstoß der sich öffnenden Tür. Erschrockene Augenpaare starrten Lisa entgegen. Vor ihr kauerte dichtgedrängt ein Dutzend Frauen auf den groben Holzfliesen. Andere saßen mit angewinkelten Beinen auf den schmalen Betten, die Gesichter im Schatten.

»Ach, du bist es, Lisa.«

Das war Bettinas Stimme. Sie bedeutete dem Mädchen, ins Zimmer zu treten und die Türe hinter sich zuzuziehen. Etwas Bedrückendes erfüllte den Raum.

Was war geschehen?

Lisa mochte nicht fragen. Sie lehnte ihren Kopf ans Bettgestell und schloß einen Moment lang die Augen.

»Erzähl weiter, Ruth. Warum hat man dich eingesperrt? –«

Langes Schweigen. Auf dem Bett hinter Lisa bewegte
sich eine Frau. Ein Strohsack fiel zu Boden.

»Da ein Stück Seife, dort eine halbe Wurst, ich habe
eben genommen, was ich bekommen konnte.«

Die etwas heisere Stimme zitterte leicht. Lisa erinnerte
sich nicht, sie jemals zuvor gehört zu haben. Ruth? Mit
diesem Namen konnte sie kein Gesicht verbinden.

»In manchen Häusern gibt es soviel von allem! Da
dachte ich mir, es schadet bestimmt niemandem, wenn ich
hin und wieder was mitlaufen lasse. Als Wäscherin verdiene ich weiß Gott nicht zuviel!«

Ruth hielt inne. Lisa fielen ihre eingefallenen Wangen
auf, die dunklen Ringe unter den Augen. Mit erlosche-
nem Blick starrte die Wäscherin ins Licht der Petroleumlampe. Sie schneuzte sich und wischte mit dem rechten
Handrücken die Nase sauber.

»Es ist immer alles gut gegangen. Die Herrschaften haben wahrscheinlich nie bemerkt, daß etwas fehlte. – Bis
zu diesem letzten Mal. Ich brachte die gestärkten Da-
mast-Tischtücher ins Haus der Alioths. Die Frau wollte
sie unbedingt an jenem Abend zurückhaben. Ich glaube,
der junge Herr feierte Geburtstag. – Die Frau ließ mich in
der Küche warten. Ich hörte, wie sie im Zimmer nebenan
die Dienstmädchen anwies, das Silberbesteck zu polieren.
Die Türe zur Vorratskammer stand offen, und da lagen
fünf riesige, saftige Schinken. Stellt euch vor, fünf
Stück!« Ruths Stimme war kräftiger geworden. Die Kostgängerinnen rissen beeindruckt die Augen auf. »Fünf
Schinken!« fuhr Ruth fort, »ich konnte nicht anders als
einen davon einzupacken! Ich hatte solchen Hunger, und
ich wollte die Hälfte meiner Familie im Aargauischen zu-
kommen lassen.« Sie stockte. »Eben als ich den Schinken
in mein Bündel stopfte, überraschte mich eine scharfe
Stimme: ›Ruth!‹ rief sie. – Vor Schreck ließ ich den Schinken fallen. Ich wußte, jetzt war alles aus!«

Betretenes Schweigen.

»Und dann hat sie dich der Polizei übergeben?«

»Nein, nicht sofort. Erst hat sie mir eine Moralpredigt gehalten. Von fremdem Eigentum und so. Ich habe nicht alles verstanden. – Und dann hat mich die Polizei abgeholt. Zwei Wochen ist es jetzt her.«

Nun verstand Lisa. Ruth war die Frau, in deren Bett sie schlief. Weil sie beim Stehlen erwischt worden war, hatte Lisa die unfreundliche Rumpelkammer verlassen dürfen. Das Unglück der einen wird zum Glück der anderen. Lisa fühlte Scham in sich hochsteigen. Wie elend und krank Ruth ausschaute! Ihr grober Leinenrock war an mehreren Stellen notdürftig geflickt, der Saum schmutzig und ausgefranst. Das erschreckendste war jedoch Ruths erloschener Blick. Die Wäscherin saß da, in ihrer ehemaligen Schlafkammer, nicht weit von Lisa entfernt, gleichzeitig aber war sie ganz weit weg.

»Sag, Ruth, hattest du im Gefängnis Kontakt zu anderen Frauen, oder warst du die ganze Zeit über alleine eingesperrt?« Das war Annas klare Stimme. Lisa hatte sie bisher nicht bemerkt.

Ruth hüstelte.

»Fünf waren wir in unserer Zelle. Sechzehn die Jüngste, eine war schon das drittemal hinter Gittern. Alle wegen Diebstahl.« Ruth starrte ausdruckslos auf einen Fleck im Holz.

»Dort drinnen weißt du plötzlich nicht mehr, ob es Tag ist oder Nacht. Die dicken Mauern rund um dich herum. Ganz weit oben ein vergittertes Fenster. In der Ecke eine Handvoll Stroh. Da haben wir uns zum Schlafen draufgelegt. Nur gut, daß Sommer ist. Frieren mußten wir nicht.« Ruth hüstelte ein zweites Mal. »Zum Glück war ich nicht allein. Ich hätte mich gefürchtet. Manchmal, wenn der Wind durch das Gemäuer heult, tönt es wie eine menschliche Stimme. Du weißt nicht, ist's der Wind oder das Stöhnen eines Eingesperrten.«

Die Frauen schwiegen betroffen. Keine wagte, weitere Fragen zu stellen.

»Eine Kindsmörderin soll vor ein paar Tagen eingesperrt worden sein.«

Lisa zuckte zusammen. Elsa, natürlich. Bei den Worten waren auch die anderen Frauen aufgeschreckt.

»Eine Kindsmörderin, sag, hast du sie gesehen?«

Der Schein der Lampe wurde schwächer, die Flamme drohte zu erlöschen. Hastig schüttete eine der Frauen Petroleum nach.

»Nein, ich bin aus meiner Zelle nie herausgekommen. Man hat mir erzählt, es sei eine Fabrikarbeiterin. Eine unscheinbare kleine Frau.« Kein Zweifel, Ruth sprach von Elsa. »Wenn ich mir vorstelle, welche Strafe auf sie wartet! In Ketten werden sie gelegt, die Kindsmörderinnen, für zehn Jahre oder mehr.«

Lisa schauderte. In Ketten! Elsa in Ketten! Die schmächtige Frau. Schwere Eisenringe um ihre schmalen Fuß- und Handgelenke. Das war doch nicht notwendig! Sie hätte ohnehin nicht die Kraft, wegzulaufen. Instinktiv rückte Lisa näher zu Bettina, die neben ihr saß. Sie war auf einmal froh, den warmen Körper eines lebendigen Menschen an ihrer Seite zu spüren.

»Lisa, du zitterst ja«, flüsterte Bettina. Gleichzeitig faßte sie das Mädchen um die Schultern.

Ihre Nähe tat Lisa wohl. Wie einsam Elsa sich jetzt fühlen mußte! Alleine, zwischen den kalten Mauern . . . Lisas Blick verlor sich im warmen Licht der Petroleumlampe. Und nichts als Mitleid mit der Eingesperrten erfüllte sie.

8

Später, wenn Lisa an jene Tage zurückdachte, überfielen sie jedesmal wieder Beklemmung und Angst. Nie mehr hatte sie sich so verloren gefühlt wie damals. Es war, als wandle sie auf dünnem Eis. Sie versuchte, nicht über den nächsten Abend hinauszusehen und nur an den Alltag in Fabrik und Kosthaus zu denken. Sobald sie ihren Gedanken freien Lauf ließ, drohte der Boden unter ihr einzubrechen.

Noch immer kapselte sie sich von den anderen ab. Vergebens hatte Carl abends vor der Fabrik auf Lisa gewartet. Anna hatte sich mehrmals besorgt nach ihrer Gesundheit erkundigt. Lisa sehe blaß aus. Ob sie mit ihnen ins Wirtshaus komme, auf ein Glas Bier? Aber Lisa zeigte sich unfreundlich, sie wehrte ab. Nach außen gab sie sich gelassen und kalt. Innerlich fühlte sie sich zerrissen und schrecklich allein. Lisa staunte über die Selbstsicherheit, die sie noch vor ein paar Wochen besessen hatte. Woher hatte sie die Kraft genommen, von der Tante wegzugehen und sich selbst eine neue Arbeit zu suchen? Nun war ihr das eigene Leben entglitten. Jener Abend im Kosthaus und Ruths Geschichte hatten in Lisa viel ins Rollen gebracht. Schon damals hatte sie sich entschieden, obwohl es ihr noch nicht bewußt war.

In den folgenden Tagen überstürzten sich die Ereignisse.

Eines Morgens blieb Mariannes Zetteltisch leer. Was mochte das bedeuten? Die Frauen tauschten sorgenvolle Blicke. Noch gestern war sie ganz gesund. Flink bewegten sich die Hände weiter. Rasch die Spulen aufgesteckt, die Fäden überprüft und geknüpft. Arme und Hände beugten sich den Gesetzen der Fabrik. Sie funktionierten, waren Teile der leblosen Maschinen geworden, für zwölf Stunden am Tag. In den Köpfen aber beschäftigten sich die Frauen mit Marianne. Warum kam sie nicht zur Arbeit? Was war geschehen? Vielleicht etwas mit Elsa? Die Unruhe war im ganzen Saal spürbar.

Endlich, nach einer halben Stunde, tauchte der rote Schopf an der Türe auf. Die junge Frau versuchte sich unauffällig zwischen den hohen Holzgestellen durchzuzwängen und ungesehen an ihren Platz zu gelangen. Aber vergebens! Von seinem Schreibpult hinter dem Fenster des Kontrollraums beobachtete Knecht die Verspätete. Er brauchte nicht aufzustehen und sie zurechtzuweisen. Nein, eine kurze Notiz genügte. Sein Kopf beugte sich eifrig über das Papier, er lächelte säuerlich. Marianne würde für den ganzen Morgen keinen Rappen kriegen. Ordnung muß sein.

Lisa schielte neugierig zu Marianne hinüber. Doch sie konnte ihr Gesicht nicht sehen. Die rothaarige Zettlerin arbeitete vorne am Fenster in der gleichen Reihe wie sie selbst. Was mochte ihr Zuspätkommen nur bedeuten?

ÜBER MITTAG AM TEICH WEGEN ELSA DRINGEND!

Susanne hatte ihr den Zettel mit der ungelenken Handschrift zugesteckt. Lisa faltete ihn zusammen und gab ihn heimlich nach hinten weiter. Aufgeregte, gespannte Blicke überall. Lisa packte die alte Angst. Elsa – sie wollte mit dem Mord nichts mehr zu tun haben, nicht noch mehr in die fremde Angelegenheit hineingezogen werden. War nicht Elsa der Grund für ihre eigene Zerrissenheit? Und doch wußte Lisa, daß sie hingehen würde. Sie konnte nicht mehr anders handeln.

»Zwei Polizisten ... eine nach der anderen ist verhört worden.« Mariannes aufgeregte Stimme brachte keine ganzen Sätze zustande. Nervös blickte sie in die Runde. Beinahe alle Zettlerinnen waren gekommen. Sie saßen oder lagen, die Arme aufgestützt, im Schatten eines Kirschbaumes am Teich. Nur die Verheirateten fehlten. Sie waren nach Hause geeilt, um das Mittagessen aufzusetzen. Auch Rosa war nicht dabei. Hatten ihr die anderen das Blatt nicht weitergereicht? Oder wollte sie einfach wie immer mit ihrem Werner zusammen essen? Lisa wußte es nicht.

»Und dann, was haben sie gefragt?« Gespannt hingen die Frauen an Mariannes Lippen.

»Ich glaube, sie wollten zwei Sachen herausfinden. Ob Elsa wirklich schwanger gewesen ist und wo die Kindsleiche sein könnte.«

»Was, die haben sie nicht!« platzte Franziska heraus. »Dabei dachte ich, Elsa habe den Säugling erwürgt. Die Leiche soll doch grüne Flecken am Hals gehabt haben!«

Susanne strafte die Vorlaute mit einem verachtungsvollen Blick: »Glaubst du auch an diese lächerlichen Gerüchte? Da hörst du es doch, noch ist nichts bewiesen!«

»Ich bin sicher, daß Elsa schwanger gewesen ist, ihrem Gesicht hat man es deutlich angesehen.«

»Nichts weißt du, ihr tratscht doch bloß.«

»Ach, du glaubst ohnehin immer, klüger zu sein als wir alle zusammen.« Alte Rivalitäten brachen auf. Längst aufgestauter Ärger machte sich Luft.

»Hört auf zu streiten!« schrie Marianne wütend. »Dazu haben wir keine Zeit.« Augenblicklich wurde es still. »Das Wichtigste kommt erst: Die Polizei hat bisher noch keine Beweise für den Mord, nur das Blut auf dem Abtritt. Das reicht aber offenbar nicht, um Elsa zu verurteilen. Wir im Kosthaus haben kaum etwas gesagt. Richtig wütend sind sie geworden, die beiden.« Sie lachte vergnügt. »Und dann hat meine Bettnachbarin gehört, wie der eine zum anderen sagte: ›Komm, wir gehen in die Fabrik. Diese Frauen hier halten zusammen, da sagt keine etwas, aber dort . . .‹ Ich bin überzeugt, daß die Polizei hier nächstens auftaucht und euch verhören wird.«

»Was? Uns? Wir haben doch gar nichts damit zu tun!«

»Ich weiß doch nichts.«

»Was soll ich denn sagen?«

Wieder redeten alle durcheinander. Die Polizei in der Fabrik!

»Ruhe! Hört zu!« Marianne betonte eindringlich jedes

einzelne Wort. »Sie brauchen Beweise, versteht ihr? Wenn wir alle sagen, Elsa sei schwanger gewesen, so genügt das vielleicht, sie zu verurteilen. – Oder aber . . .«

»Was oder, sag«, drängte Elisabeth ungeduldig.

»Oder aber wir behaupten alle steif und fest, Elsa habe kein Kind erwartet. Wir seien todsicher. Der Verdacht sei völlig lächerlich und . . .«

». . . dann müssen sie sie freilassen«, ergänzte Anna strahlend. »Natürlich tun wir das, ist doch selbstverständlich. Stellt euch vor, wir führen die Polizei an der Nase herum!«

Sie kicherte voller Übermut.

»Aber das ist doch gelogen«, meldete sich Josephine zaghaft zu Wort. »Ich kann nicht lügen, und noch dazu vor der Polizei, davor habe ich Angst.«

»Ach was, gelogen, bist du denn ganz sicher, daß Elsa ihr Kind wirklich umgebracht hat? Wir lügen nicht wirklich. Wir verschweigen einfach einen Verdacht.« Elisabeth schmunzelte vergnügt. »Notlüge nennt man das. Denkt nur, wenn wir dadurch Elsa befreien können!«

»Ich weiß nicht recht.« Franziska fingerte verlegen an ihrer Schürze herum. »Ich verstehe euch nicht. Warum soll ich lügen? Damit eine Kindsmörderin nicht bestraft wird? Wenn Elsa einen Säugling getötet hat, dann soll sie auch ins Gefängnis, finde ich.«

»Franziska hat recht«, unterstützte sie Josephine, »ihr eigenes wehrloses Kind einfach umzubringen . . .«

Anna wurde nun ernstlich böse.

»Und wie sollte sich Elsa wehren? Hast du auch daran gedacht? Weißt du, daß Elsa schon zwei Kinder hat, die von ihren Eltern im St. Gallischen aufgezogen werden? Daß sie alle zwei Wochen einen Teil ihres Lohnes heimschickt? Und daß sie trotzdem kaum satt werden? Das Geld reicht nirgendwo hin, obwohl Elsa die beste Zettlerin von uns allen ist. Und da noch ein drittes Kind! Was hätte es zu erwarten außer Hunger und Elend? Leichtfertig oder gedankenlos ist Elsa sicher nicht; das wird keine behaupten, die sie nur ein bißchen kennt! Wenn überhaupt etwas Unrechtes geschehen ist, könntet ihr nicht verstehen, daß Elsa es aus Verzweiflung getan hätte? Aus einem Gefühl von Schuld und Scham dem ungeborenen Kind gegenüber, weil sie ihm kein menschenwürdiges Leben bieten könnte, weil sie ihm Demütigungen und Qualen ersparen wollte, weil ihre Kraft nicht ausreicht, mitansehen zu müssen, wie ein weiteres Kind leidet. Hättet ihr dafür gar kein Verständnis?«

»Ach was, ich habe auch zwei uneheliche Kinder. Der Vater hat sich aus dem Staub gemacht. Ich habe es sicher nicht leicht. Und trotzdem wäre es mir nicht im Traum eingefallen, meine Kleinen umzubringen.« Franziskas Stimme klang empört. »Warum nehmt ihr diese Elsa in Schutz? Mir hat auch niemand geholfen.«

»Franziska, Josephine, seid ihr so sicher, nie in eine ähnliche Lage zu kommen? Habt ihr das Gefühl noch nie erlebt, plötzlich nicht mehr weiter zu wissen, den Alltag nicht mehr zu ertragen, keinen Ausweg mehr zu sehen? Der Wunsch, weit, weit weg zu sein, ein anderer Mensch – oder tot? Du überlegst dir, in den Fluß zu gehen, die Angst vor der Kälte und der Nässe hält dich ab und . . .« Marianne schluckte. Sie wischte mit der Hand über die Wangen.

»Schau, ich bin einmal fast soweit gewesen, und dann habe ich das andere getan. Drei Jahre ist es her. Aber . . .« Sie stockte und sah erschrocken in die Gesichter der anderen Arbeiterinnen. ». . . ihr müßt mir versprechen, es niemandem weiterzuerzählen. Ich könnte dafür noch immer bestraft werden.« Nachdem sie alle prüfend angeschaut hatte, fuhr sie mit leiser Stimme fort.

»Was soll ich euch von der Angst berichten. Ihr kennt sie alle. Die Angst jeden Monat. Das bange Warten und die Furcht, den anderen falle schon auf, daß es mehr als vier Wochen sind, daß noch immer keine weißen Tücher an der Leine hängen. Damals vor drei Jahren ist es passiert. Ich kannte den Mann nicht sehr lange und wußte, er wollte weiterziehen. Ein Bäckergeselle. Ich habe ihm nichts gesagt. Es war klar, er würde und könnte für mein Kind nicht aufkommen. Sehr lange habe ich gehofft. Jeden Abend, als ich ins Bett ging, dachte ich, am Morgen würde alles vorbeisein. Zehnmal am Tag bin ich zum Abtritt gelaufen. Und dann ist die Periode zum zweitenmal ausgeblieben. Ich habe verzweifelt die schwersten Lasten geschleppt, bin heimlich im Estrich wieder und wieder von einer hohen Kiste auf den Boden gesprungen. Aber nichts hat genutzt. Auf einmal habe ich es gespürt. Es bewegte sich in meinem Bauch. Es hatte zu leben begonnen.«

»Und dann?«

»Dann? Ja, schon fingen die anderen zu reden an. Sie behaupteten, ich esse mehr Salz, ich sei dicker geworden. Als es sicher war, wollte ich mich umbringen. Aber dann hatte ich Angst. Ich versuchte nochmals alles mögliche. Absinth habe ich getrunken, vergebens. Bis mir meine Freundin ein Mittel gegeben hat. Im Ausland würden die Frauen das oft probieren.« Marianne machte eine kurze Pause.

»Ich weiß nicht, ob ich es nochmals zu mir nehmen würde. Blei habe ich geschluckt, Gift. Vier Tage lang war ich auf den Tod krank. Ich dachte, ich müsse sterben. Schließlich nahmen die Bauchkrämpfe zu, und dann ist das Ding abgegangen. Auf dem Abtritt, ich habe nicht hingeschaut. Aber es hatte gelebt, ich hatte es schon gespürt. – Ich denke noch oft daran, manchmal habe ich ein schlechtes Gewissen. Aber was hätte ich tun sollen? Meinen Eltern konnte ich kein Kind zumuten, und ich selber hätte mich auch nicht darum kümmern können . . . Seither weiß ich, daß man in gewissen Situationen fast zu allem fähig ist. Und nicht, weil man ein schlechter Mensch ist . . .«

Betroffen sahen die anderen Frauen zu Boden. Jede hing ihren eigenen Gedanken nach. O ja, sie kannten sie alle, diese Angst jeden Monat.

Lisa hatte die ganze Zeit schweigend zugehört. Hier ging es nicht nur um Elsa. Sie dachte an ihre Mutter. Die gedrückte Stimmung alle paar Wochen, dann die Erleichterung, mit der sie die Laken wusch und aufhängte. Erst jetzt begann Lisa wirklich zu verstehen. Dabei war ihre Mutter ja verheiratet. Doch diese Frauen hier? Welchen Preis bezahlten sie für das kleine Stückchen Freiheit? Mit einemmal erkannte sie, daß niemand mit einer weißen Weste durchs Leben kommt, auch wenn man es noch so sehr versucht.

»Es ist bald eins! Wir müssen gehen!«

Die Rufe rissen Lisa aus ihren Gedanken.

»Aber was tun wir, wenn die Polizei kommt? Wir haben gar nichts beschlossen!«

Die Zettlerinnen schauten unschlüssig zu Marianne. Sie zuckte nur mit den Schultern. Anna schlug vor, sich heute abend am Clarabrunnen nochmals zu treffen: »Damit wir vorbereitet sind, wenn wir verhört werden.«

Die anderen waren einverstanden, es blieb keine Zeit mehr, lange zu überlegen. Hastig brachen die Zettlerinnen auf und rannten der Fabrik zu.

Zusammengekauert saß Lisa am Rheinufer. Den Schal hatte sie lose um ihre Schultern gelegt, durch die Finger der linken Hand ließ sie die feinen Ufersteinchen gleiten. Ihr Blick fiel auf die verwinkelten Häuser Großbasels und verlor sich im ruhig dahinfließenden Wasser. Sehnsüchtig atmete sie den herben Geruch ein und versuchte etwas Ordnung in ihre Gedanken zu bringen.

»Heiraten darf nur, wer Geld hat.«

Dieser Satz. Er ging ihr nicht mehr aus dem Kopf. Immer und immer wieder tauchte er in ihren Überlegungen auf, als ob die Uferwellen ihn ihr leise zuflüsterten.

Kein Wort hatte Lisa bei der verschwörerischen Zusammenkunft am Clarabrunnen gesagt. Stumm und mit zunehmendem Erstaunen hatte sie die heftigen Auseinandersetzungen verfolgt. Sie hatte gemerkt, wie wenig sie

von dem wußte, was das Leben ihrer Arbeitskolleginnen
– ja, das jeder armen Frau in der Stadt – bestimmte. Da
gab es unbegreifliche Gesetze und Vorschriften; daß
arme Leute nicht heiraten durften, zum Beispiel. Oder
daß schwangere, ledige Frauen sich beim Ehegericht melden mußten. Bestraft wurden sie so oder so, ob sie sich
selbst anzeigten oder ob sie von anderen verraten wurden.

»Liebe als Vorrecht der Reichen«, hatte Anna gesagt.
Einmal mehr war sie es gewesen, die in der Diskussion
am Brunnen die entscheidende Wende herbeigeführt
hatte.

Wie schon am Mittag hatte Franziska ihre Bedenken geäußert. Sie wolle nicht für Elsa lügen, hatte sie erklärt,
und sie vertrat nicht allein diese Meinung. Elsa müsse
sich eben in ihr Schicksal fügen, schließlich gehe es ihnen
allen auch nicht besser. Jede habe mit Schwierigkeiten zu
kämpfen und müsse alleine damit zurechtkommen. Die
alten abgedroschenen Sätze. Dahinter die Angst, zu sehr
in diese Angelegenheit verwickelt zu werden, sich weitere
Schwierigkeiten zuzuziehen. So war es eine ganze Zeit-
lang hin- und hergegangen, die Versammlung war beinahe geplatzt. Marianne hatte vergebens versucht, die
Zettlerinnen für ihren Plan zu gewinnen. Die ersten
wollten schon aufbrechen – schließlich waren sie alle
hungrig und müde –, als Anna heftig dazwischenfuhr,
ohne auf das leise Murren der anderen zu achten. Anna,
die immer alles besser wußte, die immer recht behalten
und den anderen ihre Meinung aufdrängen wollte. Der
Mißmut einiger Zettlerinnen war unüberhörbar gewesen,
doch Anna hatte sich nichts anmerken lassen.

»Habt ihr Mariannes Geschichte schon vergessen?
Glaubt ihr noch immer, Elsas Tat habe nichts mit euch zu
tun? Was machst du, Franziska, wenn du schwanger
wirst? Du gingest natürlich schnurstracks zum städti-
schen Ehegericht, um dich selbst anzuzeigen. ›Bitte sehr,

meine Herren, hier bin ich. Bitte büßt mich. Ich habe meinen letzten Rappen gespart, denn ich gestehe meine Schuld. Ich liebe meinen Freund und habe mit ihm geschlafen. Bitte verzeihen Sie meine Sünde.‹ Und was für dich Liebe und Geborgenheit bedeutet, das nennen sie ›Unzucht‹ und sprechen von ›sich fleischlich vermischen‹. Dafür haben wir armen Leute zu bezahlen. Weil Liebe ein Vorrecht der Reichen ist. Oh, die feinen Herren am Gericht. Wie würden sie sich freuen, wenn sie euch reden hörten! Begreift ihr denn noch immer nicht? – Diesmal hat es Elsa erwischt. Genausogut hätte es aber eine andere treffen können; wenn wir ehrlich sind, doch beinahe jede von uns. – Und nun? Sind wir alle froh, daß wir noch einmal davon gekommen sind, daß wir Glück gehabt haben und das Schicksal eine andere ausgewählt hat? Wenn es so ist, dann schäme ich mich für uns alle. Denn wir könnten ihr helfen, wir haben eine Möglichkeit! Die ungerechten Gesetze, nein, die können wir nicht ändern! Wie sollten wir auch, wenn jede nur für sich schaut! Nur gemeinsam sind wir stärker, als sie denken! Wenn ihr das doch endlich verstehen wolltet!«

Anna hatte die letzten Sätze beinahe geschrien und dabei verzweifelt gegen die Tränen angekämpft. Marianne hatte begütigend den Arm um sie gelegt und ihr den Rükken gestreichelt. Betroffen hatten die Arbeiterinnen auf die sonst so selbstsichere und oft unnahbare Anna geblickt.

Auch Lisa hatte gestaunt. Jetzt, am Rheinufer sitzend, ließ sie sich alles noch einmal durch den Kopf gehen. Anna erschien ihr in einem neuen Licht. Die Vermutung keimte in ihr, daß hinter der starken Anna eine ganz andere Frau steckte, eine verletzliche, weiche. Selbstbewußtsein und Härte als Panzer, um den himmeltraurigen Alltag ertragen zu können, um zu überleben? Die Ahnung, daß Verletzlichkeit und Stärke eng zusammengehören. Eine ganz andere Stärke als die Gelassenheit Carls.

An jenem Abend hatte sie auch mit ihm am Rhein gesessen, nicht weit von hier. Lisa schüttelte den Kopf, als sie daran zurückdachte. Seine Überlegenheit, die ihr zuerst solchen Eindruck gemacht hatte. Heute dachte sie anders. Elsa, der Kindsmord, die Verhaftung, ließ ihn das alles nicht eigentlich kalt? War es nicht genau das, was sie so sehr erschreckt hatte? Daß er so unbeteiligt geblieben war, nicht eine Gefühlsregung gezeigt hatte! Was kümmerte ihn schon das Schicksal einer einfachen Zettlerin, was sollte er sich darüber den Kopf zerbrechen? Er würde bestimmt nie in eine ähnliche Lage geraten! Wahrscheinlich kannte er auch die Gesetze nicht, von denen auf der Versammlung so viel die Rede gewesen war.

Ob Carl wußte, daß Elsa keine Möglichkeit hatte, Kurt, den Vater ihrer beiden Kinder, je zu heiraten, obwohl eine fünfjährige Freundschaft die beiden verband? Beide waren arm, und Kurt hatte das Pech, in einem kleinen Dorf im Aargauischen geboren worden zu sein. Eine Heirat war ausgeschlossen. »Liebe als Vorrecht der Reichen.« Wie recht Anna doch hatte!

Marianne hatte den Frauen Elsas Situation geschildert. Kurt habe Elsa schon vor Jahren heiraten wollen, doch seine Heimatgemeinde hatte abgelehnt. Er war kein reicher Bauernsohn, der einmal einen Hof erben würde. Er war ein einfacher Handwerker, und deshalb hatte die Gemeinde verlangt, daß er und Elsa ein Vermögen von sechshundert Franken hinterlegen sollten. Sonst würde nichts aus der Heirat.

Sechshundert Franken! Nicht nur Lisa hatte bei der Nennung dieser Riesensumme die Augen aufgerissen. Das Mädchen konnte sich einen solchen Haufen Geld überhaupt nicht vorstellen! Im stillen hatte sie zu rechnen begonnen. Sie verdiente sechs Franken die Woche, da müßte sie ja . . . hundert Wochen dafür arbeiten! Hundert Wochen, und dann hätte sie noch überhaupt kein Essen bezahlt und keine Übernachtung im Kosthaus! Nein, das war einfach unmöglich!

»Ich verstehe bloß nicht, warum die soviel Geld verlangen. Die wissen doch genau, daß wir niemals soviel zur Seite legen können! Die kennen ja unsere Löhne!« Josephine hatte diese Frage gestellt, die auch Lisa auf der Zunge brannte.

»Weil niemand für die Armen aufkommen will.« Annas Stimme hatte einen bitteren Unterton. »Wir werden herumgeschoben, kein Dorf will weitere Hungerleider aufnehmen. Und wenn die Elsa den Kurt heiraten würde, dann müßte die Gemeinde auch sie und ihre Kinder unterstützen, falls sie nicht mehr allein für sich aufkommen können. Das wollen sie umgehen. Und weil sie eine Heirat nicht einfach verbieten können, haben sie andere Wege gefunden, verlangen ein Vermögen, von dem eine gewöhnliche Arbeiterin nicht einmal zu träumen wagt! So machen es die meisten Gemeinden!«

»Und predigen dazu Sittlichkeit und Moral«, fiel Marianne ein, »verurteilen ledige Mütter, obwohl sie genau wissen, daß uns keine andere Möglichkeit offensteht, als uneheliche Kinder zur Welt zu bringen! Oh, diese Doppelbödigkeit!«

»Und bestrafen uns dafür, verlangen eine Buße oder weisen uns aus der Stadt, so daß wir Arbeitsplatz und Unterkunft verlieren, gerade wenn wir sie am dringendsten brauchten!«

Aufgebracht steuerten die Frauen weitere Mosaikstückchen zum Bild über ungerechte Gesetze bei. Die meisten waren schon damit in Berührung gekommen, hatten ihre Erfahrungen gemacht. Lisa hatte stumm dabeigestanden und den empörten Worten der Zettlerinnen mit immer größerem Erstaunen zugehört.

Jetzt, mit einigem Abstand dazu, kam ihr alles noch unfaßbarer vor. Man verunmöglichte den Armen zu heiraten und bestrafte dann die Frauen, wenn sie uneheliche Kinder in die Welt setzten! Wem nützten solche Gesetze? Doch bestimmt nicht den Frauen und Männern, die davon betroffen waren!

Noch immer saß Lisa alleine am Rhein, und noch immer brummte ihr Kopf ob all der Dinge, die sie heute erfahren hatte. Inzwischen war es schon ganz dunkel geworden. Eine Ente flatterte aufgeregt davon, im Gebüsch raschelte es. Die Brücke mit dem Käppelijoch war in dem matten Schimmer der erleuchteten Fenster und der Straßenlaternen nur noch schwach erkennbar. Irgendwo holperten Räder über das Kopfsteinpflaster. Aus der Ferne ein paar Stimmen.

Lisa starrte in das gemächlich dahinfließende Wasser. Hier am Fluß hatte sie schon mehrmals Ruhe gesucht, wenn die Gedanken sie zu überrollen drohten. Das Plätschern der Uferwellen drang an ihr Ohr. Was wollten sie ihr erzählen? Was wußte der Rhein über die vergangene Zeit? Über die verurteilten Frauen, die im Fluß den Tod gefunden hatten, verurteilt von mächtigen Männern der Stadt, die über Recht und Unrecht entschieden. Kindsmörderinnen. Lisa seufzte. Sie hatte doch mit der ganzen Sache nichts zu tun haben wollen. Und jetzt steckte sie mittendrin. Sie konnte und wollte auch nicht mehr nur von ferne zusehen. Die Situation verlangte eine Entscheidung. Und sie, Lisa, würde die Polizei anlügen – oder zumindest nicht die ganze Wahrheit sagen.

Zuletzt hatten alle für den Vorschlag gestimmt, selbst Josephine und Franziska. Auch sie selber hatte die Hand gehoben. Doch plötzlich, die Zettlerinnen waren bereits am Aufbrechen, hatte eine den Namen »Rosa« gerufen. Rosa! Sie hatten die Frauen vergessen. Mit einemmal Ratlosigkeit auf den Gesichtern. Was nützten alles Zusammenhalten, alle Versprechen? Rosa würde unter keinen Umständen mitmachen. Mit Schadenfreude würde sie Elsas Schwangerschaft bestätigen. Als erste hatte sie es Knecht verraten. Keine Frage, wem die Polizei eher glauben würde! Marianne hatte bitter gelacht. Der schöne Plan! Mit einem Schlag war er zunichte. All die vorhergegangenen Auseinandersetzungen waren umsonst, zwecklos, überflüssig geworden.

Endlich hatte Anna einen Vorschlag gewagt: »Wir müssen den Verdacht auf Rosa lenken, damit die Polizisten nicht ihr glauben, sondern uns. Was, wenn wir von ihrem Verhältnis zu Knecht erzählen? Daß sie sich bei ihm einschmeicheln wolle und deshalb neidisch sei auf Elsa?«

»Neidisch auf Elsa? Was soll denn das?«

»Was neidisch, warum denn?«

Heftiges Stimmengewirr war auf Annas Vorschlag gefolgt.

»Ja, neidisch.« Anna hatte betont langsam gesprochen. »Weil Rosa dem Knecht gefallen will, aber Elsa viel schneller und sorgfältiger arbeitet als sie. Weil Knecht Elsa eben schätzt als Zettlerin, und die Rosa keine neben sich duldet, die ihre Vorrangstellung beim Saalmeister beeinträchtigt.«

»Ich weiß nicht, ob die das glauben.« Susanne blickte Anna zweifelnd an.

»Neidisch wegen Knecht! Wer könnte darauf hereinfallen, wegen Knecht!« Marianne lachte spöttisch, andere Frauen kicherten.

»Na bitte.« Anna setzte eine beleidigte Miene auf. »Ihr kritisiert nur, wer hat denn einen besseren Vorschlag? Oder wollt ihr den Plan ins Wasser fallen lassen? Dann könnt ihr Elsa gleich der Polizei ausliefern.«

»Behaupten denn die Männer nicht immer, wir Frauen seien Rivalinnen, sobald irgendein Mannsbild auftaucht? Sogar so ein Knecht!« Elisabeth lachte verschmitzt. »Und die beiden, Knecht und Rosa, werden natürlich abstreiten, daß sie ein Verhältnis miteinander haben. Das macht sie um so unglaubwürdiger. Je länger ich über die Idee nachdenke, desto besser gefällt sie mir.«

Keine hatte einen besseren Vorschlag unterbreiten können. Es war bereits spät geworden, und die Kräfte hatten sie in den vorhergehenden Diskussionen verpufft. Niemand hatte mehr Lust, noch lange hin und her zu überlegen. Sie wollten es mit dieser List versuchen.

Ganz wohl war Lisa bei dem Gedanken an die bevorstehenden Verhöre nicht. Fiel die Polizei wohl auf ihre List herein? Oder glaubte sie nicht doch eher Rosas Aussagen? Die kannten bestimmt viele Tricks, jemanden zum Reden zu bringen! Und wenn der Plan aufflog? Dann mußten sie alle mit einer Strafe rechnen, vielleicht gar mit Entlassung! Und dennoch, es war ihre einzige Chance.

Lisa fror. Ein kühler Wind war aufgekommen. Die Glieder waren vom langen Sitzen steif geworden. Zeit, ins Kosthaus zurückzukehren. Das Mädchen erhob sich und zog den Schal jetzt eng um ihren Körper. Der Fluß hatte sie beruhigt, sie würde einschlafen. Trotz des nunmehr unumgänglichen Verhörs, trotz Ungewißheit und Angst. Und Lisa würde mitmachen. Für sie gab es kein Zurück mehr. Ein letzter Blick auf den Rhein. Auch sein Wasser konnte nur zum Meer fließen und nicht zurück in die Berge. Der Fluß folgte jedoch seinem vorgegebenen Lauf. Sie aber mußte sich ihren Weg selbst suchen.

9

Die scharfen Kanten des wurmstichigen Holzschemels drücken schmerzhaft in die Kniescheiben. Lisa verfolgt mit den Augen unruhig die viereckigen bunten Muster des Steinbodens. Nur zaghaft hebt sie den Blick. Unmittelbar vor ihr zwei Paar glänzende schwarze Stiefel, breite, bauchige Uniformhosen, ein rasselnder Säbel. Weit oben, schemenhaft, die vor Wut verzerrten Gesichter, die drohend auf sie heruntersehen. Sie soll antworten, muß doch Elsa retten, die Schwangerschaft abstreiten! Nun hat sie alles vergessen, kann sich nicht an die Abmachungen erinnern! Ihr Kopf wie leergefegt. Sie öffnet den Mund, doch keine Worte kommen über ihre Lippen. Nur unverständliches Kauderwelsch. Lisa versteht auch die Polizisten nicht mehr. Im Befehlston prasseln Silben auf sie herab, die keinen Sinn ergeben. Die drohenden Gestalten rücken näher. Die stechenden Augen des einen dicht vor ihrem Gesicht, im Nacken den warmen Atem des anderen.

Da – sie kann entfliehen, rennt durch eine dunkle Gasse, hört ihr eigenes Keuchen. Laut dröhnen die Schritte, hämmern gegen ihren Kopf. Sie verfolgen mich! Ich habe das Kind getötet! Ich bin angeklagt! Die Häuser rücken eng zusammen, schwarze Wände zu beiden Seiten, vorne die Brücke. Ich muß es schaffen, dort bin ich in Sicherheit. Endlich der Fluß, das Brückengeländer, das Käppelijoch. Aber schon spürt sie die zupackenden Hände der Verfolger an ihrer Schulter. Riesengroß steht der Scharfrichter vor ihr, in seiner schwarzen Kapuze und mit dem glänzenden Schwert... Lisa öffnet den Mund, gleich wird sie losschreien... Sie schreckt hoch, erwacht kerzengerade im Bett sitzend und mit keuchendem Atem, als sei sie wirklich gerannt. Diese Schreckensbilder!

Im Schlaf konnte sie sich nicht dagegen wehren. Hilflos ausgeliefert war sie ihren Träumen, wenn sie sich nachts zwischen ihre ruhenden Gedanken schoben! Jetzt war es vorbei. Erleichtert sank Lisa für einen Augenblick in das Kissen zurück, obwohl ihre Zimmergefährtinnen schon angekleidet in der Kammer standen.

Als Lisa nach einem hastigen Frühstück mit Bettina hinaus auf die Straße trat, fühlte sie sich sogleich wohler. Sie mußten sich ihren Weg durch die Menge bahnen. Viele Fuhrwerke waren unterwegs, beladen mit Körben voller Gemüse und prallen Kartoffelsäcken, die letzten Waren für den Markt. Frauen trugen Wasserzuber auf dem Kopf, andere hatten grobe Weidenkörbe mit schnatternden Enten und aufgeregt gackernden Hühnern am Arm. Männer und Frauen standen in kleinen Gruppen am Straßenrand und hielten einen Schwatz. Zwei Jungen mit geschorenem Haar und dünnen, abgetragenen kurzen Hosen stritten sich um eine Murmel. An der Ecke räumte der Schuster eben seinen Schemel aufs Pflaster und legte Ahlen und Zangen bereit, um bei dem schönen Wetter draußen zu arbeiten. Eine junge Frau hielt mit der linken Hand ängstlich einen Korb voller Eier auf dem Kopf, an ihrem Rockschoß zerrte schreiend ein kleines, schmutziges Mädchen. Drüben, auf der anderen Seite der Gasse, trieb ein alter Bauer mühsam fünf Kälber vor sich her. Jahrelange harte Arbeit hatte seinen Rücken gekrümmt.

Das Klappern der Hufe und das Holpern der Räder füllten die Luft, die Hauswände warfen den Lärm zurück. Lisa liebte die bunte Geschäftigkeit. Sie staunte noch immer wie am ersten Tag über das rege Stadtleben. Stundenlang hätte sie zusehen und zuhören mögen. Einen kurzen Augenblick blieb sie stehen und atmete die verschiedenen Düfte ein, die sich miteinander vermischten. Es roch nach Leder, Schweiß und Tabak. Dazu der säuerliche Gestank von Pferdekot: kostbares Gut, das Kinder emsig mit der Schaufel einsammelten. Als Vorrat für den Winter. Getrocknet ließ es in den Öfen der Armen das Feuer flackern und ersetzte das unerschwingliche Holz.

Bettina und Lisa kamen nur langsam vorwärts. Auf dem Claraplatz trennten sie sich. Bettina arbeitete in der Bandfabrik am St. Alban-Teich.

Als Lisa endlich die Wache passierte und ihr einen Morgengruß zuwarf, zeigte die Uhr am Riehentor schon fünf vor sechs. Auf dem freien Feld draußen begann das Mädchen zu laufen. Beim Fabriktor drang ihr schon der stampfende Lärm der Maschinen entgegen.

Außer Atem blieb Lisa einen Augenblick lang stehen. Dann spähte sie vorsichtig in den Vorraum. Erschrocken zog sie den Kopf zurück. Knecht stand mit dem Rücken zur Türe und überprüfte die aufgestapelten Kisten an der Wand. Er durfte sie nicht sehen, sonst mußte sie eine Buße bezahlen. Nochmals schob Lisa den Kopf vor.

Sollte sie versuchen, an Knecht vorbeizuschlüpfen? Vielleicht hörte er sie bei dem Lärm nicht? Da wandte sich der Saalmeister ab und stieg mit der Warenliste in der Hand die Treppe hoch. Lisa atmete auf. Ein kurzer Blick nach links und rechts – schon huschte sie der Wand entlang hinter den Webstühlen hindurch in den Zettelsaal.

»Da bist du ja, wir haben uns Sorgen gemacht«, flüsterte Susanne. »Ist alles in Ordnung?«

Lisa nickte kurz.

»Ich bin zu spät aufgestanden.«

Auch Anna hob kurz den Kopf und drohte ihr scheinbar empört mit dem Zeigefinger.

Als der Saalmeister ein paar Minuten später mit gestrenger Miene seinen Kontrollgang begann, beugte sich Lisa schon eifrig über den Zetteltisch. Sie hatte noch einmal Glück gehabt!

Lisa lächelte vor sich hin. Annas kurze Geste und Susannes Worte taten ihr wohl. Nein, hier war sie nicht allein, die anderen vermißten sie, wenn sie nur ein paar Minuten fehlte. Sie kümmern sich um mich, wir halten zusammen. Lisa beobachtete kurz die anderen Arbeiterinnen. Alles schien wie üblich. Die Zetteltische in Viererreihen, immer fünf hintereinander, genau ausgerichtet. Zwanzig Zettlerinnen, die kilometerlange Kettfäden für die klappernden Webstühle im Nebensaal herstellten. Und doch hatte sich seit gestern etwas verändert. Es gab kein sichtbares Zeichen, aber Lisa fühlte es ganz genau. Seit der Versammlung am Brunnen und dem gegebenen Versprechen gehörten sie alle zusammen. Sie hüteten ein Geheimnis. Und auf jede einzelne kam es an, auch auf Lisa.

Es mochte kurz vor acht sein, Lisa spürte vom verkrampften Sitzen schon den stechenden Schmerz im Rücken. Da drangen ungewohnte Stimmen an ihr Ohr.

»Wo ist denn hier der Verantwortliche?«

Zwanzig Augenpaare starrten neugierig zur Türe. Das

Knarren der hölzernen Trüllen verstummte. Auf der Schwelle standen breitbeinig zwei Männer in Uniform, den Säbel an der Seite, die Daumen im Gürtel eingehängt.

»Polizei.«

Franziska war das entscheidende Wort entschlüpft. Erschrocken schlug sie sich mit der Hand auf den Mund. Der ältere der beiden Beamten lachte gutmütig.

»Sie brauchen keine Angst zu haben, gutes Fräulein, das heißt, wenn Sie nichts ausgefressen haben. Wir wollen den Saalmeister sprechen, wird man denn hier nicht empfangen?«

Gespanntes Schweigen erfüllte den Raum. Nun galt es ernst. Doch schon trat Knecht aus seinem Büro.

»Was zum Teufel ist denn hier . . .«, begann er in dem gehässigen Ton, vor dem sich die Frauen fürchteten. Wie ein kleiner General versuchte er mit kühnem Blick die Lage im Saal zu erfassen. Ein Räuspern an der Türe ließ ihn den Kopf drehen, und ein paar Sekunden lang spiegelte sich offene Angst in seinem Gesicht. Augenblicklich hatte er sich gefaßt.

»Guten Tag, meine Herren.« Er trat auf die Polizisten zu und streckte ihnen die Hand entgegen. »Womit kann ich dienen?« Seine Haltung drückte nun arglose Höflichkeit aus.

Bei sich dachte er: Polizei, was hat die hier zu suchen? Bestimmt hängt es mit diesen hinterhältigen Frauen zusammen. Paß auf, das könnte eine Falle sein. Am Ende geht es um Elsa, die verhaftet worden ist. Die mich angelogen hat. Nun wird der Direktor sicher erfahren, daß ich mich von diesem gerissenen Weibsbild habe gutmütig übertölpeln lassen.

»Herr Knecht, können wir irgendwo in Ruhe miteinander reden?«

Knecht nickte eifrig und deutete mit dem Arm auf sein schäbiges Büro, wo üblicherweise die Zettlerinnen ihr Akkordbuch vorweisen mußten.

»Bitte, die Herren Polizisten.«

Beflissen eilte er den beiden voraus, öffnete die schmale Holztüre und beugte leicht den Oberkörper nach vorne. Bevor er selbst sein Reich betrat, drehte er sich gegen den Saal und rief mit schneidender Stimme:

»Seid nicht so neugierig! An die Arbeit – oder ich streiche euch allen den ganzen Taglohn!«

Kaum war die Tür ins Schloß gefallen, spottete Elisabeth: »Habt ihr seine Angst vor der Polizei gesehen? Du meine Güte, die Herren Polizisten!« Genüßlich äffte sie den schmeichlerischen Tonfall nach. Die übrigen Zettlerinnen schmunzelten trotz ihres Unbehagens. Nur Anna blieb ernst.

»Lachen können wir nachher, jetzt heißt es aufpassen. Ihr wißt, was auf dem Spiel steht. Wir müssen zusammenhalten wie abgemacht.«

Die Frauen nickten wortlos. Lisa spürte plötzlich ein Kribbeln im Magen.

»Machen alle mit?« fragte sie leise und ängstlich.

Unruhig sahen sich die Arbeiterinnen an. Einen Moment lang war nur das Getöse der Webstühle zu hören. Dann sagte Gertrud resolut:

»Na klar!«

»Na klar!« fielen die anderen ein.

»Alle?« Anna blickte prüfend zu Franziska und Josephine. Aber auch sie nickten mit dem Kopf. Nur Rosa fragte verständnislos:

»Wovon sprecht ihr, ich verstehe kein Wort.«

Niemand antwortete ihr. Statt dessen forderte Anna alle auf, weiterzuarbeiten.

»Es gibt nichts mehr zu besprechen, nun müssen wir handeln.«

Sie hatte recht. Jede von ihnen war auf den Taglohn angewiesen, und sie würden auch heute ihr Akkordbuch vorlegen müssen.

Lisa fühlte sich nicht wohl in ihrer Haut. Wenn das nur gutging! Ihr Traum heute nacht. Die gräßliche Verfolgung, ihre Todesangst. »Träume muß man ernst nehmen«, hatte ihr die Großtante Veronika stets versichert und von unglaublichen Ereignissen, Unfällen und Naturkatastrophen berichtet, die in Träumen vorangekündigt worden waren. Einige im Dorf munkelten, die alte Veronika sei eine Hellseherin. Wer sich verloben wollte, wer Land oder ein Stück Vieh zu verkaufen beabsichtigte, fragte nicht selten sie um Rat. Lisas Vater lachte über diese abergläubischen Leute: »Das sind doch Märchen.« Aber Lisa hatte als kleines Mädchen oft zu Füßen der alten Frau gesessen und atemlos ihren unheimlichen Geschichten gelauscht.

Da – die Türe des Kontors öffnete sich. Knecht und der kleine, rundliche Beamte zwängten sich zwischen den Zetteltischen hindurch. Sie blieben vor Elsas ehemaligem Arbeitsplatz stehen, wo nun ein junges Mädchen die Fäden drehte.

»Kommen Sie bitte mit.«

Der Befehl galt Gertrud am Nebentisch. Natürlich, sie hatte am engsten mit Elsa zusammengearbeitet. Vielleicht würde nur sie befragt? Lisa hoffte es inständig.

Seelenruhig verknüpfte Gertrud noch zwei Fäden, drehte dann leicht die Kurbel zurück. Sorgfältig legte sie die grüne Seide auf die Tischplatte, damit sie sich nicht verwirrte. Erst als sie mit ihren groben Händen würdevoll die Schürze glattgestrichen hatte, sah sie den Polizisten an.

»Ja.«

Neunzehn Augenpaare verfolgten gespannt jede ihrer Bewegungen. Als die große, korpulente Arbeiterin gelassen hinter den beiden Männern zum Kontor ging, war von hinten im Saal Elisabeths unterdrücktes Kichern zu hören. Sie war beneidenswert. Selbst im Augenblick der Gefahr verlor sie ihr fröhliches Lachen nicht. Die mächtige Staatsgewalt wirkte auch nicht sehr überzeugend. Da half auch kein Säbel! Susanne aber zeigte sich besorgt.

»Hoffentlich geht nichts schief! Wenn sie merken, daß wir lügen, dann gute Nacht...«

Knecht war im Saal geblieben, er ging vor der Fensterfront auf und ab. Dabei beobachtete er die sitzenden Frauen scharf. Solange er sich im Raum befand, konnten sie nicht miteinander sprechen. Hatte er vielleicht den Auftrag zu verhindern, daß sie untereinander Informationen weitergaben? Im Zettelsaal knisterte es vor Spannung. Zwischendurch erklangen einige Seufzer. Keiner wollte die Arbeit richtig von der Hand gehen.

Endlich – Lisa schien es eine Ewigkeit zu dauern – trat Gertrud aus dem Büro. Gebannt versuchten die Arbeiterinnen in ihrem Gesicht zu lesen. Gertrud lächelte verschmitzt. Sie sah in die Runde und nickte beruhigend. Das Aufatmen war geradezu hörbar.

Knecht betrachtete mißtrauisch Gertruds eindrucksvolle Gestalt. Da war etwas im Gange, irgendeine Verschwörung. Er fühlte es ganz genau. Dieses Nicken, was mochte es bedeuten? Sicher führten die Frauen etwas im Schild. Diesmal würde er dahinterkommen!

Eine Arbeiterin nach der anderen wurde nun in das schäbige Räumchen gerufen und kehrte nach kurzer Zeit mit bestätigender Miene zurück. Susanne, Elisabeth, Regina, auch Marianne, obwohl sie doch schon im Kosthaus verhört worden war. Kein Wort wurde mehr gesprochen, und doch entspannte sich die Atmosphäre. Anna lachte übers ganze Gesicht, als sie zu ihrem Platz zurückkehrte, so, als sei ihr ein guter Streich gelungen.

»Franziska Müller.«

Nun schauten sich die Frauen unruhig an. Würde Franziska ihr Wort halten? Wenig später trat auch sie mit einem unsicheren Lächeln auf den Lippen aus der Türe. Sie nickte zaghaft. Unwillkürlich hatten alle Gertruds Kopfbewegung als Zeichen aufgenommen.

»Rosa Gerber.«

Susanne und Lisa wechselten einen besorgten Blick. Hoffentlich war es Zufall, daß Rosa gleich nach Franziska an die Reihe kam. Das stete Mißtrauen . . .

Endlos lange blieb Rosa hinter der verschlossenen Türe. Lisa sah einmal kurz durch das Fenster einen Polizisten im Raum auf- und abgehen.

Plötzlich stand Rosa auf der Schwelle. Ihr buntes Kopftuch war nach hinten gerutscht, ein paar dunkle Strähnen fielen ihr ins Gesicht. Sie drückte das Taschentuch vor den Mund und hielt den Blick gesenkt. Nur als sie an Annas Tisch vorbeikam, hob sie kurz den Kopf. Aus geröteten Augen sah sie die junge Frau haßerfüllt an.

»Du gemeines Biest«, schluchzte sie. Dann setzte sie sich an ihren Tisch, legte den Kopf auf die Arme und weinte still vor sich hin. Sollte Werner sie doch hinauswerfen, ihr war im Moment alles egal. Was sie sich von diesen Männern hatte anhören müssen! Diese widerlichen, zweideutigen Fragen. Sie wäre am liebsten im Erdboden versunken. Sicher hatte Anna ihnen alles brühwarm aufgetischt. Wie konnte sie nur so gemein sein! Von Anfang an hatte Anna etwas gegen sie gehabt. Und hier hielten alle zusammen – gegen sie. Nur weil sie sich mit Werner gut verstand. Sicher waren sie neidisch und wollten ihr eins auswischen. Oh, wie boshaft sie alle waren!

Knecht war das Ganze peinlich. Er beobachtete Rosa, beschloß dann aber, ihr Weinen zu ignorieren. Nur jetzt keine unangenehme Szene!

Lisa fühlte Mitleid mit der schluchzenden Frau. Wie einsam mußte sie sich vorkommen, ausgeschlossen aus der Gemeinschaft der Arbeiterinnen! Aber es gab schließlich keinen anderen Weg, um Elsa zu retten – oder doch?

»Lisa, du bist dran.«

Susanne kniff sie leicht in den Arm und lächelte ihr aufmunternd zu. Lisa fuhr zusammen. Sie hatte ihren Namen überhört. Die Seide entglitt ihren Händen, das Kribbeln im Magen wurde stärker. Allzu hastig erhob sie sich und stieß ungeschickt gegen die Tischkante. Ein stechender Schmerz in der Hüfte. Unsicher ging Lisa durch den Saal nach vorne.

An drei Wänden stapelten sich die graubraunen Pappkartons mit den Bandmustern bis dicht unter die niedrige Decke. Durch die matten Scheiben rechts neben der Tür fiel ein schwacher Lichtstrahl aus dem Zettelsaal in den engen Raum. Er zeichnete ein helles Viereck auf den schmalen Tisch, der sich an die bräunlich gestrichene Mauer drückte.

An diesem Tisch wurden täglich die Zahlen in die Akkordhefte eingetragen. Zahlen, die entschieden, ob es diese Woche noch für ein Glas Bier im Wirtshaus oder eine Haarspange reichen würde. Von hier aus hatte Knecht die Übersicht. Er brauchte nur den Kopf zu heben, um das Treiben im Saal durch das Fenster zu überwachen und sein Reich zu regieren.

Nun saßen da die beiden Polizisten. Der kleine, rundliche Beamte beugte sich eifrig über die Tischplatte, vor sich das Tintenfaß und einen Stapel bräunlicher Papierbogen, in der Hand die Feder. Die Uniform spannte sich über seinem Bäuchlein, auf seinen Schläfen glänzten Schweißtropfen. Der andere Polizist war bedeutend älter. Mit dem Rücken zur Wand thronte er auf einem Holzstuhl, die Beine weit gespreizt. Noch im Sitzen wirkte er groß und massig. Als Lisa den Raum betrat, bedeutete er ihr mit einer nachlässigen Armbewegung näherzukommen. Keine Frage, wer hier zu befehlen hatte.

Lisas Hand umklammerte noch immer die Falle. Dann endlich schloß sie die Tür mit einer hastigen Bewegung und blieb zaghaft in der Mitte des kleinen Zimmers stehen. Niemand bot ihr einen Stuhl an. Sie roch die abgestandene Luft, der Geruch von Schweiß drang ihr in die Nase. Ihr Blick fiel auf die schwarzglänzenden Stiefel. Unwillkürlich fuhr sie sich mit der Hand über die Augen. Diese Stiefel kannte sie doch, die drohenden Gesichter, dann der Wettlauf bis zur Brücke. Für einen Moment verschwamm der beengende Raum im Nebel. Dann fing sich Lisa wieder. Nur jetzt nicht umkippen, sie mußte durchhalten!

»Komm näher, Fräulein, wir fressen dich nicht.« Die Stimme des Älteren klang väterlich überlegen.

Lisa preßte die Handflächen zusammen, weiß traten die Knöchel hervor. Zögernd machte sie ein paar Schritte. Schon prasselten die Fragen auf sie herunter. Der Dicke schrieb eifrig mit. Name, Alter, Adresse, Wohnort der Eltern, Heimatgemeinde. Lisa antwortete leise. Mehrmals mußte sie ihre Aussagen wiederholen. Wie lange sie schon hier arbeite, ob sie Elsa gut kenne, ob sie von der Schwangerschaft gewußt habe . . .?

Ohne Pause folgte Frage auf Frage. Lisa kam es vor, als müsse sie in einem festgelegten Stück auf ihren Einsatz warten und nur ein einzelnes Wort einfügen. Ein Ja, ein Nein, auch mal eine Zahl.

»Kannst du uns über das Verhältnis von Elsa Heinrichs und Rosa Gerber Näheres berichten?« Der Ältere lehnte sich nach vorne, stützte den Arm auf den Oberschenkel und beobachtete Lisa scharf.

Lisa erschrak. Jetzt war der Augenblick da, den sie so gefürchtet hatte. Sich plötzlich nicht mehr an das zu erinnern, was abgesprochen worden war. Die Angst, etwas zu verraten.

»Sie . . . eh . . . mögen sich nicht.«

»Warum?« Das Wort zerschnitt messerscharf die Luft.

»Weil, ja, weil Rosa auf Elsa neidisch ist, eh . . . weil Rosa und der Saalmeister, ja und Herr Knecht hat Elsa immer gelobt, weil sie so schnell zetteln kann . . .«

»Ich verstehe kein Wort, drück dich deutlicher aus.«

Die Sätze kamen Lisa schwer über die Lippen, sie stockte, unzusammenhängende Fetzen blieben im Raum hängen. Beinahe wie nachts im Traum. Nur jetzt nicht den Kopf verlieren. Lisa zitterte unmerklich.

»Neidisch, so, so, das haben wir schon mehrmals gehört. Was weißt du denn Genaueres über dieses Fräulein Rosa und Herrn Knecht? Das interessiert uns nämlich brennend. Nicht wahr, Paul?« Auf dem breiten Gesicht des Beamten erschien ein spöttisches Grinsen.

»Sie gehen miteinander tanzen . . . und so.«

»Und so . . . gerade das interessiert uns, na, hübsches Fräulein?«

Lisa wurde es eng um die Brust. Da war nichts mehr von der väterlichen Gutmütigkeit, nur schmierige Freundlichkeit, und auf den Gesichtern ein anzügliches Lachen. Lisa verhedderte sich immer mehr in den Sätzen, das Blut schoß ihr in die Wangen.

»Sag, wie ist das mit dem Neid?« Der Beamte räusperte sich. »Diese Sache verstehe ich nicht ganz. Warum sollte das Fräulein Rosa auf diese Elsa neidisch sein? Nur weil sie besser zetteln kann? Da steckt doch mehr dahinter, ich denke eher . . .« Der Polizist legte eine Kunstpause ein, Lisa starrte ihn verständnislos an. Worauf wollte er hinaus?

»Wir haben uns auch unsere Überlegungen gemacht . . .«, fuhr er fort. »Ist es nicht so, daß der Knecht gleich zwei Verhältnisse hatte, eins mit Rosa, eins mit Elsa? Und daß die Elsa ein Kind von Knecht erwartet hat? Und dieses hat sie dann umgebracht. – So würde sich die Sache mit dem Neid erklären. Rosa war neidisch auf Elsa, nicht weil diese besser zettelt, sondern wegen des Verhältnisses zu Knecht. So war es doch, nicht wahr?«

Lisa fühlte den durchdringenden Blick des Beamten auf sich, jetzt hob auch der Dicke für einen Moment lang den Kopf und sah Lisa direkt in die Augen.

»Nein, auf keinen Fall!«

»Warum bist du so sicher, du hast doch selbst behauptet, daß das Fräulein Rosa furchtbar eifersüchtig auf Elsa sei!«

Der Polizist hatte sich erhoben und trat auf Lisa zu. Sie starrte gebannt auf die mächtige Gestalt, die näherrückte. Das Netz von Fragen hatte sich immer enger zusammengezogen. Auf einmal wie ein Fisch verstrickt sein in die ausgelegten Fäden, vor sich die drohende Gefahr.

»Ich kann mir denken, wie das zuging. Ich kenne die Frauen. Eine starke männliche Hand auf dem Hintern, das genießen sie, trotzdem sträuben sie sich, und hinterher soll nichts geschehen sein. Die Elsa hat doch schon zwei uneheliche Kinder. Warum sich nicht mit dem Vorgesetzten einlassen? Vielleicht kriegt sie dafür ein paar Rappen mehr, einen zusätzlichen Zettel im Akkordbuch aufgeschrieben. Na, war es nicht so?«

»Nein, nein, nein!« Voller Entsetzen schüttelte Lisa den Kopf. »Das stimmt alles nicht. Elsa ist doch gar nicht schwanger gewesen, das hat Rosa doch nur behauptet, weil . . . eh . . . sie boshaft ist und neidisch. Elsa ist nicht so. Die Kinder hat sie beide von ihrem Freund, und den darf sie nicht heiraten, wegen dem Geld . . .«

»Na, na, kleines Fräulein, wer wird sich gleich so aufregen! Und überhaupt. Unehelich ist unehelich. Und wie die Fabrikarbeiterinnen sind, wissen wir aus eigener Erfahrung. Wir haben gar nichts gegen solche Frauen, nicht wahr, Paul?«

Dröhnendes Lachen erklang, es füllte das enge Zimmer und traf Lisa wie Fausthiebe am ganzen Körper.

Scham und Verzweiflung schlugen über ihr zusammen. Sie hatte Elsa helfen wollen, aber auf einmal war da nur der Wunsch, sich selbst zu retten. Jede Antwort machte alles nur noch schlimmer. Der Fisch war gefangen, das Netz zugezogen.

Plötzlich hörte sie von weit weg die schroffe Stimme des Polizisten:

»Du kannst gehen.«

Warum gerade jetzt? Lisa wurde von einer jähen Angst ergriffen, etwas verraten zu haben, etwas ganz Wichtiges. Blind vor Tränen stolperte sie zur Türe. Als sie in den Zettelsaal trat, brachte sie nicht einmal ein schiefes Lächeln zustande.

10

Tage bangen Wartens folgten auf das Verhör in der Fabrik. Immer und immer wieder besprachen die Zettlerinnen jenen Morgen. Endlos wiederholten sie ihre eigenen Aussagen und versuchten sich an jedes Wort, jedes Räuspern, jeden Wechsel im Mienenspiel der beiden Polizisten zu erinnern.

Was hatte sich in Knechts düsterem Büro abgespielt, was war in den Köpfen der beiden Verhörführer vorgegangen?

Alles hatte doch so gut begonnen. Gertrud, Marianne, Elisabeth und Anna hatten vom zustimmenden Nicken der Polizisten, von ihren wissenden Blicken und abschätzigen Bemerkungen über die Eifersüchteleien der Frauen berichtet. Das kenne man, hatten sie spöttisch gemeint. Keine hatte daran gezweifelt, daß den beiden Beamten die Geschichte mit dem Neid eingeleuchtet hatte.

Und auf einmal war die Wende eingetreten. Auf einmal hatte der ältere Polizist den gefährlichen Verdacht geäußert, Elsa habe ein Kind von Knecht erwartet und umgebracht. Rosas Eifersucht sei der einleuchtende Beweis für Elsas Schuld.

Als die Frauen an jenem Mittag zusammenkamen, behauptete Anna zwar steif und fest, der Verdacht sei ein Trick der Polizisten. Die wollten nur prüfen, ob sie sich nicht verrieten.

»Bestimmt haben sie gemerkt, daß wir zusammenhalten. Die sind doch wie Spürhunde und wittern mit feiner Nase alles Ungewöhnliche. Sie wollten uns Angst einjagen. Es sei denn« – mit ernstem Blick fixierte sie eine nach der anderen – »es sei denn, eine von uns hat etwas ausgeplaudert. Dann soll sie wenigstens ehrlich sein und es gleich sagen.«

Augenblicklich schwiegen die Frauen betroffen. Jede überlegte im stillen, wer wohl am ehesten in Frage komme. Mißtrauen schlich sich in die Köpfe der Zettlerinnen. Wann hatten die Polizisten begonnen, klar von Elsas Schuld zu sprechen? Nach Franziska? Sie war doch schon immer gegen den Plan gewesen. Hatte sie vielleicht . . .? Oder Lisa, die noch neu war in der Fabrik? Hatte sie aus Angst etwas Entscheidendes gesagt? Oder Rosa – natürlich, Rosa mußte es sein, sie hatte wohl die Geschichte erfunden!

Nun fielen die Arbeiterinnen mit heftigen Worten über die Abwesende her, erleichtert, einen Sündenbock gefunden zu haben. Als könnten sie mit der Wut auf Rosa die gegenseitigen Zweifel verscheuchen.

»Natürlich Rosa, das Miststück! Das ist ihre Rache . . . an uns und an Elsa . . . zuzutrauen ist der doch alles . . .«

Aber da unterbrach Gertrud die anderen:

»Ich glaube nicht, daß Rosa was gesagt hat. Habt ihr vergessen, wie verzweifelt sie vom Verhör zurückgekehrt ist? Wir wissen nicht, was die Polizisten wirklich glauben und ob sie einen Beweis haben. Für uns ist nur eines wichtig: Wir müssen weiterhin zusammenhalten. Wir stecken alle mittendrin. Wenn die Polizei herausfindet, daß wir uns abgesprochen haben, dann hängen wir alle mit – alle!«

Wieder wurde es still. Gertrud hatte recht. Sie durften sich jetzt nicht streiten, sie waren aufeinander angewiesen. Und niemand durfte von ihrer List erfahren, weder Freund noch Ehemann.

Nochmals ergriff Anna das Wort, um alle zu beruhigen.

»Nehmt die Geschichte nicht so ernst. Das war nur ein Trick, die haben doch keine Beweise! Knecht und Elsa ein Kind . . . das ist ja lächerlich!« Aber ihr Lachen hatte etwas zu grell geklungen.

So leicht ließ sich die Angst nicht weglachen. Die Tage, die dem Verhör folgten, wurden für alle Beteiligten zu einer Nervenprobe. Jede Stunde konnten die beiden Polizisten wieder in der Fabrik stehen, die Frauen mit weiteren Fragen verunsichern, in Widersprüche verwickeln und ihren Plan aufdecken.

Oh, hätten sie doch nie die unselige Idee gehabt, von Rosas angeblichem Neid zu erzählen! Wahrscheinlich hatten sie Elsa damit nur geschadet. Nun waren die Beamten noch überzeugter von Elsas Verbrechen. Wo keine von ihnen wußte, was wirklich geschehen war. Und sie wären alle mitbeteiligt, mitschuldig, wenn Elsa im Gefängnis bleiben mußte. Dabei hatten sie ihr helfen wollen!

Dazu kam die drückende Augusthitze. Dicke, schwüle Luft lag über dem Zettelsaal, oft klebte die Seide an den schweißnassen Händen. Die Ungewißheit belastete alle, und das gegenseitige Mißtrauen nagte heimlich weiter: Wer von uns könnte eine Verräterin sein?

Tage und Wochen vergingen, ohne daß sich etwas Entscheidendes ereignete. Die schlimmsten Hitzetage waren überstanden, bereits lag früh am Morgen wieder Tau auf den Feldern. Doch von Elsa hatten sie noch immer keine Nachricht.

Lisa wurde das Gefühl nicht los, daß die anderen sie verdächtigten. Waren die Zettlerinnen ihr gegenüber in den vergangenen Wochen nicht zurückhaltender geworden? Verstummte nicht plötzlich das Gespräch, wenn sie dazutrat? Warf man ihr nicht des öfteren forschende und mißtrauische Blicke zu? Während der Arbeit, aber auch in der Mittagspause? Einmal, als sie unvermittelt von ihrem Zettel aufblickte, begegnete sie Reginas zusammengekniffenen Augen. Diese senkte sofort die Lider, als sei sie bei etwas Verbotenem ertappt worden.

Sie verdächtigen mich, dachte Lisa traurig, mich, Franziska und Josephine, weil wir ängstlich gewesen sind und Elsa nicht sofort haben helfen wollen.

Doch keine der Zettlerinnen wagte es, den Verdacht offen auszusprechen. Sie wußten, Anna oder Gertrud hätten sofort eingegriffen und die Anklägerinnen zurechtgewiesen. Und dennoch schien es Lisa, als seien auch Anna, Marianne und Gertrud ihr gegenüber kühler geworden. Oder bildete sie sich das nur ein?

Gestern hatte ihr auf jeden Fall keine geholfen, als Knecht sie eines Fehlers wegen lauthals getadelt hatte. Eine Schimpftirade hatte sie über sich ergehen lassen müssen, und das vor allen anderen! Weder Susanne noch Anna hatten eingegriffen, wo sie doch sonst nie um eine passende Bemerkung verlegen waren, wenn der Saalmeister eine Arbeiterin bloßzustellen versuchte. Aber gestern hatte keine auch nur den Kopf gehoben, und Lisa selbst hatte sich nicht zu wehren getraut. War es, weil sie Lisa verdächtigten? Und . . . war der Verdacht vielleicht sogar berechtigt?

Lisa lag im Bett, und zum hundertstenmal ließ sie sich die halbe Stunde in Knechts Büro durch den Kopf gehen. Was hatten die Polizisten sie gefragt, und mit welchen Worten hatte sie geantwortet? Doch auch die größte Anstrengung war vergeblich. Die Angst, irgend etwas Wichtiges verraten zu haben, verhinderte jede klare Erinnerung. Die Wirklichkeit verschmolz mit den bedrohlichen Traumvisionen. Wieder dröhnte das unbändige Lachen in ihren Ohren, die schwarzglänzenden Stiefel verfolgten sie. Nicht nur Elsa war angeklagt, nein auch sie selbst: von der Polizei, von den anderen Frauen und vom eigenen Gewissen.

Lisa warf sich im Bett unruhig hin und her. Der Atem der anderen Mädchen ging ruhig und regelmäßig. Heute durften sie länger schlafen, denn es war Sonntag.

Sachte schob Lisa die Decke zur Seite und schlüpfte aus dem Bett. Die rauhen Holzlatten knarrten unter ihren nackten Fußsohlen. Leise trat sie an die Dachluke heran und erspähte ein Stück Himmel über dem Ziegeldach des gegenüberliegenden Hauses. Schwere Wolken zogen vorbei, bald würden die Herbststürme einsetzen.

Von der St. Clara-Kirche schlug es acht. Lisa hörte, wie im Nebenzimmer bereits das Waschwasser plät-

scherte. Ihre eigene Waschschüssel würde heute unbe-
nutzt auf der groben Holzkommode stehenbleiben. Mit
Wohlbehagen dachte Lisa an den mit heißem, dampfen-
dem Wasser gefüllten Zinkzuber, in den sie ihren ganzen Körper eintauchen würde. Die Schmutzschicht ab-
waschen, und gleichzeitig einen Teil ihrer Sorgen und
Ängste im trüben Badewasser zurücklassen. Sechs Wochen war es her, seit sie und ihre Zimmergefährtinnen
sich in Frau Grabers Küche gegenseitig von Kopf bis
Fuß eingeseift hatten. Mehr war im Kostgeld nicht in-
begriffen, und wem das nicht reichte, mußte sich eine
Eintrittskarte für die öffentliche Badeanstalt kaufen.
Heute war die Reihe an Lisa, Christina, Bettina und
Claudia.

Eine Stunde später stiegen Claudia und Lisa bereits
in die grauen Bottiche neben den beiden zusammenge-
rückten Eßtischen. Dichter Wasserdampf füllte die Küche des Kosthauses. Er stieg zur dunklen Decke und
schlug sich in kleinen Tropfen an den kühlen rußigen
Wänden nieder. In den bauchigen Töpfen auf dem
Herd brodelte heißes Wasser.

Lisa seufzte wohlig. Sie kauerte sich nieder, so daß
ihr das Wasser bis über die Hüften reichte. Genüßlich
tauchte sie die Arme ein und goß sich mit den Händen
warmes Wasser über die nackten Schultern. Als Bettina
ihr vorsichtig das Haar netzte, schloß Lisa die Augen.
Sie spürte die Tropfen sanft über den Rücken und die
Brüste rieseln.

Wie gut es tat, den Körper einmal anders denn als
Ziehen im Rücken und als schmerzhafte Verhärtung
der Muskeln im Nacken zu fühlen! Das Wasser löste
wochenlang angesammelte Verkrampfungen. Lisa war,
als ob das Bad nicht nur äußere Krusten wegspüle, sondern auch ihr Inneres aufweiche. Und als Bettina ihr
dichtes braunes Haar mit einem Stück Kernseife einzu-
reiben begann, ließ auch der Druck im Kopf allmählich
nach. Mit kräftigen Fingern massierte die Zimmerge-

fährtin Lisas Kopfhaut, Nacken und Schultern. Das Mädchen genoß es und wünschte, Bettina würde nicht gleich wieder mit dem Kneten aufhören.

»Achtung, Augen zu!«

Schon goß sie heißes Wasser über Lisas Kopf.

»Iih!«

Christinas spitzer Schrei erschreckte die anderen. Lisa riß die Augen auf.

»Läuse, du hast Läuse . . . iih!« Christina schüttelte sich vor Ekel. »Schaut da, diese kleinen Viecher, da, und da!«

Lisa stand brüsk auf, so daß das Wasser auf den Boden überschwappte. Neugierig betrachteten alle Claudias hellen Schopf. Und wirklich – deutlich waren im Nacken die weißen Nissen zu sehen, ganz ähnlich wie Schuppen sahen sie aus.

»Läuse!«

Lisa begann es am ganzen Körper zu jucken, sicher war auch sie voll von diesen ekelhaften Tierchen. Die drei Mädchen untersuchten einander aufgeregt das Haar – und richtig, auch auf Bettinas Kopf hatten sich ein paar Läuse eingenistet und ihre Eier gelegt.

»Daß du das nicht gemerkt hast, den Kopf voller Läuse, die müssen dich doch gebissen haben. Und dann hängst du sie gleich mir noch an.« Bettinas Stimme klang ärgerlich.

»Es hat nicht mehr gejuckt als sonst«, versuchte Claudia sich zu verteidigen.

»Macht doch nicht so ein Theater«, mischte sich Frau Graber ein. »Das kommt vor, ich hab' ja was dagegen.«

Sie schlurfte aus der Küche und kehrte mit einem bräunlichen Fläschchen zurück. Lisa zuckte unwillkürlich zusammen. Sie erinnerte sich nur allzu genau an die Entlausungskuren. Als Kind hatte sie diese regelmäßig über sich ergehen lassen müssen. Die scharfe Flüssigkeit roch stark nach Essig und brannte höllisch auf der wundgekratzten Haut. Meist hatte sie eine Nacht lang mit einem eng geschlungenen Kopftuch schlafen müssen, die Tinktur tötete unbarmherzig die winzigen Tierchen. Läusekappe nannte sich das. Einmal hatte der Lehrer der ganzen Schulklasse eine solche Kur verordnet, weil die Läuse einfach nicht zu vertreiben waren. Für diesmal waren die Hänseleien ausgeblieben, mit denen sonst ein einzelnes Kind mit dem verdächtigen Kopftuch überschüttet wurde. Allesamt hatten sie so in der Schulstube gesessen. Nach einer Nacht oder einem Tag wurde dann der Kopf mit Schmierseife gewaschen und mit dem Kamm die Nissen aus der Haut gezerrt. Das schmerzte noch einmal genauso wie vorher die scharfe Tinktur.

Lisa atmete auf, als Christina entschieden den Kopf schüttelte.

»Du hast bestimmt keine.«

Sie hatten beide Glück gehabt. Lisa stieg aus dem Bottich und trocknete sich sorgfältig ab. Kaum hatte sie sich das lange Haar durchgekämmt, schlüpfte sie in die sauberen Sonntagskleider.

11

Kurz nach dem Mittagessen trat Lisa über die Schwelle des Kosthauses. Sie wollte für sich sein, sie hielt das muntere Geschwätz der anderen Frauen, die Enge und Nähe im Raum, nicht mehr aus.

Basel war in einen dichten Schleier gehüllt. Zum erstenmal kündigte sich der Herbst an. Es nieselte leicht aus dem düsteren Grau. Lisa trug ihren Sonntagsrock aus Halbleinen, die weiße Bluse und die blaue, von der Mutter gestrickte Wolljacke. Die dicken braunen Zöpfe waren hochgesteckt und unter einem Barchentkopftuch verborgen. Auf der Rheinbrücke blieb das Mädchen einen Augenblick unschlüssig stehen. Wie ein Mahnmal thronte das Käppelijoch mitten über dem Fluß:

Vergiß nicht die Kindsmörderin, Elsa, die drohende Gefängnisstrafe.

Rasch wandte sie den Blick ab und sah in die Strömung, auf die Tausende von Kreislein, die die Tropfen auf das Wasser zeichneten. Es begann stärker zu regnen. Langsam drang die Nässe durch die Wolljacke, das Kopftuch klebte an Stirn und Nacken. Sollte sie umkehren? Im kahlen Schlafraum sitzen, während die anderen sich fröhlich für den lang ersehnten freien Nachmittag zurechtmachten? Ihre Scherze und Vorfreude. Ob Herbert auch da sein würde ... In welches Wirtshaus gehen wir ...? Wo sind die schönsten Männer ...? Nein, dazu hatte sie keine Lust.

Wenn sie wenigstens einen Mantel gehabt hätte! Aber woher sollte sie das Geld nehmen? Erst zwei Franken hatte sie in dem winzigen Holzkästchen in der Kommode auf die Seite gelegt. Zuerst würde sie sich für den Winter wollene Socken kaufen müssen und einen Schal und ... »Lisa, bist du's?«

Eine Hand packte sie unsanft am Ärmel. Unwillig drehte sich Lisa um. Vor ihr stand lachend Elisabeth, daneben ein unbekannter junger Mann.

»Was treibst du so ganz allein im Regen, du bist ja klatschnaß.« Und ohne eine Antwort abzuwarten, hängte sie sich bei ihr ein. »Komm mit, wir sind auf dem Weg ins Wirtshaus, übrigens, das ist Hannes, mein Bruder, er sucht hier Arbeit, er ist eben aus dem Badischen angekommen, und das ist Lisa aus der Fabrik, wo ich zettle ...«

Elisabeth plauderte munter drauflos, sie grüßte die Entgegenkommenden und erklärte ihrem Bruder fortlaufend, wer die Leute waren.

»Hier, der Jakob hat einen Vetter bei uns im Kosthaus, und da, die arbeitet in der Gemischtwarenhandlung an der Ecke, und da drüben, schau ...«

Hannes unterbrach sie lachend: »Wie lange lebst du schon in Basel? Zwei Jahre – und kennst schon die ganze Stadt, ach Schwester, du hast dich nicht verändert.«

Lisa ließ sich stumm mitziehen, bis sie das Wirtshaus erreicht hatten. Sie betraten die niedrige, dunkel getäfelte Gaststube. Laute Fröhlichkeit schlug ihnen entgegen. Es roch nach Kohl und Schweiß. Der Zigarrenrauch brannte in den Augen und kratzte im Hals. Mit Mühe und Not fanden die drei Platz an einem der groben Holztische. Ein älterer Arbeiter legte Elisabeth sofort den Arm um die Hüften.

»Hier, hier, kommt nur. Das kostet aber eine Runde, Schätzchen.« Schallendes Gelächter quittierte die Bemerkung. »Oho, eine Runde für uns.«

Die Zettlerin löste mit einer entschiedenen Bewegung die Hand von ihrem Rock. Sie bestellte mit lauter Stimme drei Becher Bier bei der dicken Kellnerin, die sich durch die ausgelassenen und leicht angetrunkenen Männer und Frauen zu zwängen versuchte.

Als sie mit den hohen Gläsern anstießen, forderte Elisabeth ihren Bruder auf weiterzuerzählen.

»Hannes ist nämlich erst gestern angekommen. Und über ein Jahr haben wir uns nicht mehr gesehen. Sag, was macht Erna?«

»Sie hilft halt den Eltern. Ich glaube nicht, daß sie je weg kann, es ist ein Glück für die Alten. Noch dazu, wo sie ein so schlechtes Jahr gehabt haben. Zwei Schafe sind plötzlich gestorben, sie lagen am Morgen mit geblähten Bäuchen tot da, wer weiß, ob sie ein giftiges Kraut erwischt haben. Der nasse Frühling hat die Kirschen am Baum verfaulen lassen, und die Kartoffeln konnten erst spät gesteckt werden. Du weißt ja, wie es ist. Mutter jammert oft, und Vater ist wortkarger als früher. Die Gicht hat seinen Rücken gebeugt. Alt sind sie geworden.«

Lisa hörte wortlos zu. Schüchtern saß sie zwischen den beiden Geschwistern und nippte an ihrem Bier. Erst jetzt hatte sie Gelegenheit, Hannes zu betrachten. Sein strähniges, flachsblondes Haar fiel ihm tief in die Stirn, immer wieder strich er es mit einer raschen Bewegung zurück. Seine Augen waren vom gleichen Blau wie die seiner Schwester, auch über seine Nase verteilte sich eine Handvoll Sommersprossen. Die beiden glichen sich sehr. Hannes erzählte mit lebhafter Stimme vom Bruder, der das Bauerngütlein im Schwarzwald weiterführen würde. Von der älteren Schwester in Freiburg und von der jüngsten, Erna, die ihre Eltern würde versorgen müssen, ohne Hoffnung auf ein selbständiges Leben. Sie war geistig behindert, oder »dubbelig gemacht«, wie die Leute im Dorf sagten. Hannes berichtete aber auch von seiner Reise nach Straßburg und seiner Arbeit in einer Freiburger Fabrik.

Die Zeit verflog im Nu. Schon standen sechs leere Gläser vor ihnen auf dem Tisch, als Elisabeth plötzlich Hannes' Redefluß unterbrach und sich ernst an Lisa wandte:

»Wir sprechen immer nur von uns, sag, wie geht es dir? Du siehst blaß aus und ganz abgemagert. Was ist nur mit dir los? Bist du krank?«

Lisa schüttelte wortlos den Kopf.

»Warum ziehst du dich so zurück? Wie lange habe ich dich nicht mehr lachen sehen, ist es wegen Elsa und dem Verhör?«

Und als Lisa nickte, fuhr sie mit eindringlicher Stimme fort: »Aber warum kommst du nicht zu uns? Wir haben doch alle Angst, alle. Laß dich nicht täuschen, wenn einige den Mund zu voll nehmen. Meinst du, die haben mutig und lächelnd die hinterhältigen Fragen der Polizisten beantwortet? Glaub denen kein Wort, die prahlen doch bloß. Auch mir hat das Herz bis zum Halse geklopft. Immer wieder muß ich an das Verhör denken, erst gestern nacht habe ich geträumt, wir würden alle im Gefängnis im Lohnhof eingesperrt werden. Und ich war schuld, weil ich etwas verraten hatte.« Elisabeth schüttelte sich bei der Erinnerung. »Lisa, du darfst den Kummer nicht in dich hineinfressen. Wir müssen einander helfen, sonst stehen wir das nicht durch.«

Immer ungläubiger hatte Lisa zugehört. Hatte sie Elisabeth richtig verstanden, trotz der lauten, übermütigen Stimmung im Lokal? Elisabeth hatte auch Angst, die lustige Elisabeth? Auch sie wurde von Alpträumen verfolgt.

Und Lisa hatte immer geglaubt . . .

»Aber warum verdächtigen sie mich denn?« wandte sie ein. »Seit dem Verhör seid ihr alle so kalt und abweisend zu mir.«

»Dich? Wie kommst du denn auf die Idee?« Die Zettlerin starrte sie verblüfft an. »Du bist so verdächtig wie jede andere. Sag«, sie schüttelte Lisa unsanft an der Schulter, »was hast du dir sonst noch alles eingebildet? Du hast kein Wort mehr gesagt, wenn man dich etwas fragte, du hast allen, die sich nur in deine Nähe wagten, einen bösen Blick zugeworfen – und jetzt sollen wir kalt sein?«

Verwirrt betrachtete Lisa Elisabeths empörte Miene. Bestimmt will sie mich nur trösten, die argwöhnischen Augen der Arbeiterinnen habe ich mir nicht nur eingebildet.

Da lachte Elisabeth:

»Na, gut, du kannst alles verkehrt auslegen, wenn du willst. Meine Meinung hast du gehört – oder gefällt dir etwa die Rolle der armen, einsamen und verstoßenen Lisa? Wenn du in Selbstmitleid versinken willst, dann bitte. Ich hindere dich nicht daran. Ich sage dir nur eins: Mach dir das Leben nicht schwerer, als es ohnehin schon ist.«

Mit Entschiedenheit wandte sich die junge Frau ab.

Lisa sah verlegen an Hannes vorbei. Scham und Erleichterung kämpften in ihr. Die anderen mißtrauten ihr nicht. Ich habe mir das nur eingebildet. Und wenn Elisabeth recht hatte? Aber warum muß sie mir das hier vor allen Leuten sagen? Noch dazu vor ihrem Bruder, den ich kaum kenne? Was geht es den an?

»Ihr habt ja ganz schön Mut, die Polizei so an der Nase herumzuführen«, mischte sich Hannes ins Gespräch ein. »Alle Achtung.«

Lisa sah erschrocken von einem zum anderen. Er durfte doch nichts wissen. Hatte Elisabeth ihr Versprechen gebrochen?

»Psst.«

Sie lachte verschmitzt. »Ich mußte Hannes einfach von unserer Abmachung erzählen. Er steht auf unserer Seite und kann schweigen. Aber bitte, verrate Anna nichts, sie würde rot vor Zorn.«

»Ich kann schweigen wie das Grab«, versicherte Hannes mit übertriebener Wichtigkeit.

Alle drei lachten. Auch Lisa, obwohl sie Elisabeth nicht ganz verstand. Wenn alle so mit ihrem Geheimnis umgingen . . .

»Noch drei Becher!« Elisabeth bestellte, ohne die anderen zu fragen. Mit gedämpfter Stimme warnte sie: »Sprecht nicht so laut!«

»Was sie mir berichtet hat, ich habe es zuerst nicht glauben wollen. Daß es in der Schweiz auch solche Gesetze gibt. Daß nur die Reichen heiraten dürfen, als sei die Liebe und das Kinderkriegen ihr Vorrecht. Und wenn dann eine Frau ein uneheliches Kind bekommt, wird sie dafür bestraft. Muß eine Buße bezahlen und wird fortgeschickt, ausgewiesen aus dem Kanton. Ich versteh' das nicht.«

»Ist das bei euch denn anders?«

Hannes schüttelte traurig den Kopf. Eine Strähne fiel ihm in die Stirn.

»Nein, auch wir müssen Heiratsgeld bezahlen – oder ledig bleiben. Genau wie hier. Und die Polizei greift brutal ein, im Namen des Großherzogs. Aber ich dachte, hier in der Schweiz ist alles anders. Wo doch jetzt alle Männer, auch die ärmsten, stimmen können. Ich habe so viel von der freien Eidgenossenschaft gehört. Wo Flüchtlinge aufgenommen würden, politisch Verfolgte aus unserem Land. Und wo nicht mehr die Herren, sondern die einfachen Leute das Sagen hätten. Und jetzt das . . . nein, das versteh' ich nicht.«

Seine Finger spielten unruhig mit dem Bierglas.

»Was geschieht denn im Badischen mit den ledigen Müttern?« erkundigte sich Lisa.

»Sie werden auch bestraft, also . . .« Er stutzte. »Eigentlich weiß ich es nicht genau.«

»Schau an, Brüderchen, du mit deinen Träumen. Und du wunderst dich, daß hier die Männer die Gesetze nicht verändern. Hast sicher schon eine Freundin gehabt – und weißt du, was aus ihr geworden ist?«

Der junge Mann sah einen Augenblick etwas verlegen weg.

»Vielleicht hast du recht, Bethe, mit deinem Vorwurf, ich hab' mich wirklich noch nie näher darum gekümmert. – Aber über einen Fall in Bayern kann ich euch erzählen, von dem ich zufälligerweise gehört habe. Dort ist kürzlich eine Bauernmagd wegen Kindsmord verurteilt worden. Ein Jahr Gefängnis hat sie gekriegt. Und hier in Basel sollen es über zehn Jahre sein. Das ist ja unmenschlich. Kaum zu glauben.«

Plötzlich glitt ein Lachen über sein Gesicht. Genauso unvermutet wie bei seiner Schwester manchmal. Als ob sie es nicht aushalten würden, zu lange traurig zu bleiben, dachte Lisa.

»Ich hab' mich so gefreut, als ich von eurer Verschwörung gehört habe. Am liebsten wäre ich selber mit dabei gewesen, um die Polizisten in die Irre zu führen! Unglaublich, daß bei euch alle zusammenhalten. Stellt euch vor, ihr könnt dem Gesetz ein Schnippchen schlagen und Elsa befreien . . .«

Elisabeth seufzte.

»Sechs Wochen sind es nun her seit dem Verhör, und nichts haben wir erfahren. Ich wünschte, alles wäre vorüber und Elsa wieder unter uns. Manchmal halte ich die Spannung fast nicht aus. Du freust dich – dabei droht uns allen noch immer das Gefängnis.«

Alle drei schwiegen lange. Der laute Lärm der überfüllten Gaststube hüllte sie ein. Sie hingen ihren Gedanken nach. Lisa fühlte die Müdigkeit bleiern in den Gliedern, der Kopf war leicht benommen vom Bier. Der Wirt stand hinter der Theke und beobachtete seine Gäste, während die dicke Kellnerin von Tisch zu Tisch eilte. Mit Geschick balancierte sie auf Kopfhöhe die Biergläser auf dem breiten Tablett. Auch Käse servierte sie, Speck und dicke, fette Würste. Auf den Bauernhöfen wurde zur Herbstzeit geschlachtet, jedes Wirtshaus bot nun frisches Fleisch und Würste an. Lisa lief das Wasser im Mund zusammen. Wie lange hatte sie kein Stücklein Fleisch mehr gesehen.

»Habt ihr keinen Hunger?« Hannes setzte sich plötzlich auf und sah unternehmungslustig in die Runde. »Ich spüre ein Loch im Magen. Wie wäre es, wenn wir was essen würden?«

Lisa machte große Augen. Im Gasthaus essen, das kostete einen rechten Batzen, und nach dem vielen Bier, das auch bezahlt werden mußte. In Gedanken sah sie schon die Wollsocken und den Winterschal schwinden.

»Ich weiß nicht, Lust habe ich schon, aber . . .«

»Mach dir keine Sorgen wegen dem Geld, ihr seid eingeladen. Mögt ihr Blut- und Leberwurst?«

Ihr wurde es unbehaglich. Das kann ich doch nicht annehmen. Ich sehe Hannes zum erstenmal.

Elisabeth lachte übers ganze Gesicht.

»Komm Lisa, sträub dich nicht dagegen, mein Bruder spielt gerne den Großzügigen. Und schließlich, verdient er nicht doppelt so viel wie wir? Als ob das gerecht wäre! Er hat mir ohnehin versprochen, mich einzuladen, also.«

»Genau«, grinste Hannes. »Als Mann kriege ich ja mehr Lohn, weil ich eine Familie zu ernähren habe, so sagen die Herren wenigstens. Nun – ich erkläre euch beide für heute abend zu meiner Familie. Fräulein, dreimal Schlachtplatte!«

Als Lisa wenig später auf ihren vollen Teller sah, seufzte sie zufrieden. Vor ihr türmte sich dampfendes Sauerkraut mit großen Kartoffeln. Blut- und Leberwurst, ein Stück saftigen Specks und sogar eine kleine Scheibe geräucherten Schweinefleischs. Mit einem Lächeln dachte sie an Frau Grabers wäßrige Grießsuppe. Nein, es wäre jammerschade, jetzt die Bescheidene zu spielen und Hannes einen Korb zu geben. Sie steckte die Gabel vorsichtig in die Wurst, so daß die Haut aufplatzte und das Innere herausquoll. Mit Heißhunger begann sie zu essen.

Es war neun Uhr vorbei, als die drei das Wirtshaus »Zur Brodlaube« verließen. Der Regen hatte aufgehört, aber noch immer verhüllte der Nebel die Sicht über den Marktplatz. Die Petroleumlaternen warfen nur matte Lichtstreifen in das Grau, ohne es durchdringen zu können. Die Geräusche schienen gedämpft, ihre Stimmen wurden sofort verschluckt. Lisa und die beiden Geschwister gingen über den Fischmarkt zur Schifflände. Unter der Brücke floß ruhig das schwarze Wasser vorbei, es dampfte wie ein riesiger Kochtopf, dichte Nebelschwaden stiegen auf.

Hinter dem Café »Spitz« trennte sich Lisa von den anderen. Sie umarmte Elisabeth und drückte Hannes herzlich die Hand. Dann bog sie in die Rheingasse ein. Merkwürdig, sie fürchtete sich nicht mehr, abends allein durch Basels Straßen zu gehen. Dabei hatte sich seit jenem Frühlingsabend, als sie von Onkel und Tante weggelaufen war, in der Stadt nichts verändert. Aber sie kannte sich nun zwischen den engen, schmutzigen Häuserreihen Kleinbasels aus.

Heute abend hatte sich das Mädchen für ein paar Stunden rundum wohlgefühlt. Als ob Angst und Ungewißheit sich mit dem Dampf des Sauerkrautes und der Würste verflüchtigt hätten. Aus vollem Herzen hatte sie mit Elisabeth und ihrem Bruder lachen können. Die beiden hatten lebhaft von ihrer Kindheit erzählt. Wie Elisabeth den kleinen Hannes zu allerlei Streichen angestiftet hatte. Die lustigsten Erlebnisse kamen ihnen in den Sinn. Sie mußten zwei glückliche Kinder gewesen sein, obwohl ihre Eltern jede Münze umdrehten, bevor sie sie ausgeben konnten.

Beim Essen hatte Elisabeth das Gespräch auf Rosa gelenkt. Diese hatte ihr vor ein paar Tagen ihr Leid geklagt. Knecht sah sie seit dem Verhör nicht mehr an. Er fürchtete wohl um seine Stelle. Er hätte Elsa eben rechtzeitig entlassen müssen, die Polizei im Haus schadete dem Ruf der Firma. In den Augen des Direktors hatte er versagt.

»Der Feigling. Und Rosa heult, statt sich glücklich zu schätzen, Knecht endlich los zu sein.«

Im Geist sah Lisa wieder Elisabeths zorniges Gesicht vor sich. Aber nicht nur ihren Liebeskummer hatte ihr Rosa anvertraut, nein, auch ihre Lebensweisheit:

»Wenn du dir nicht selbst hilfst, hilft dir niemand. Kaum hast du Vertrauen gefaßt, wirst du schon ausgenützt. Da schaue ich lieber für mich.«

Drei Sätze, die von schmerzlichen Enttäuschungen und bitteren Erfahrungen zeugten. Drei Sätze als Panzer gegen keimende Hoffnungen, Ausdruck der Angst vor erneuten Verletzungen. Was mochte Rosa schon alles erlebt haben?

Sie hatte sich auch über Anna beklagt. Über deren Ablehnung vom ersten Tage an und die Einmütigkeit, mit der sich die Zettlerinnen ihrem schnellen Urteil angeschlossen hatten. Ohne zu fragen, ohne sich die Mühe zu nehmen, Rosa selber kennenzulernen.

Lisa ging Elisabeths Bericht nicht mehr aus dem Kopf. Enthielt Rosas Vorwurf nicht ein Körnchen Wahrheit? Von Anfang an hatte man Lisa vor ihr gewarnt. Und keine einzige hatte versucht, Rosa in die Verschwörung einzuweihen. Als würde sie Elsa ohnehin nur schaden wollen. Aus lauter Bosheit. Dabei plagte Rosa das schlechte Gewissen. Liebend gerne hätte sie ihre Aussagen zurückgenommen. So behauptete sie wenigstens. Aber dazu war es jetzt zu spät.

Nein, Lisa spürte keine Wut mehr auf Rosa, sie tat ihr nur noch leid. Wie einsam mußte sich die Unglückliche fühlen. Ausgeschlossen von den übrigen Zettlerinnen, abgestempelt als Verräterin. Nie im Leben möchte sie in ihrer Haut stecken.

Unterdessen hatte Lisa das Kosthaus erreicht. Sie rümpfte angeekelt die Nase, als ihr der stechende Geruch des Abtritts neben der Türe entgegendrang. Sicher war die Grube wieder einmal zu voll, so daß man sich nicht hinkauern konnte, ohne sich in den schlüpfrigen Kot zu stellen, während der Gestank bis unter das Dach stieg.

Aus der Küche fiel ein schmaler Lichtstreifen auf den unebenen Steinboden. Die Holztüre war nur angelehnt, vorsichtig stieß Lisa sie auf. Am Tisch saß Marianne, den Kopf schwer in die Hände gestützt. Ihr rotes Haar hatte sich hinten im Nacken gelöst und hing in losen Strähnen auf die dunkle Bluse hinab. Anna hatte ihr den Arm um die Schultern gelegt und schien leise auf sie einzureden. Jetzt hob sie den dunklen Schopf und sah überrascht auf.

»Du, Lisa, gut, daß du da bist.«

Ein eisiger Schreck durchfuhr das Mädchen. Marianne war hier, das konnte nichts Gutes bedeuten, so bedrückt wie sie aussah. Du meine Güte, sollte etwa Elsa . . . Sie wagte nicht weiterzudenken. Hastig zog sie die Türe hinter sich zu. Die Petroleumlampe flackerte kurz im Luftstoß, riesengroß schwankte der Schatten eines Wasserkruges an der Wand. Den Blick wie gebannt auf den Gast geheftet, trat sie näher und setzte sich auf die harte Kante der Holzbank.

Marianne schien von alledem nichts zu bemerken. Traurig starrte sie auf den Tisch. Mit der einen Hand strich sie fahrig über ein bräunliches Paket, das vor ihr lag.

»Nicht einmal etwas dort lassen durfte ich. Kein Geschenk und keine Nachricht. Als ob ich damit Elsa aus dem streng bewachten Gefängnis hätte befreien können.« Sie lachte bitter auf. »Und als ich später den Kohlenberg zum Barfüßerplatz hinunterging, sah ich ganz oben, weit über meinem Kopf, die Eisengitter in der dikken alten Steinmauer. Ich weiß nicht, hinter welchem Fenster Elsa sitzt. Irgendwo dort oben im Lohnhof. Wie abgeschnitten vom übrigen Leben in der Stadt.«

Marianne zupfte heftig am Einpackpapier. Tränen traten in ihre Augen. Fast tonlos fuhr sie fort:

»Dabei habe ich mir alles so schön ausgemalt. Wie Elsa sich über meinen Besuch freuen würde. Ich hätte sie umarmt und ihr heimlich zugeflüstert, daß wir ihr helfen. Sie muß doch erfahren, daß wir sie nicht vergessen haben. Oder wenn sie wenigstens mein Paket gekriegt hätte! Frische Äpfel habe ich gekauft und ein Stück Emmentaler Käse. Ich hätte mir das Geld sparen können. Eine Kindsmörderin bekommt nur Wasser und Brot. Das sei nichts als gerecht.«

Marianne seufzte. »Oh, wenn ich an den Polizisten an der Schranke denke. Sein bedauerndes, überlegenes Lächeln. Tut mir leid, Fräulein, wir dürfen nichts weitergeben, wegen der Ermittlungen. Sie müssen verstehen, Gesetz ist Gesetz.«

»Wegen der Ermittlungen«, wiederholte Anna mit einem höhnischen Lachen. »Darum geht es doch gar nicht. Was hättest du schon ausrichten können. Nein – sie wollen die Elsa ganz kleinkriegen. Ihren Willen brechen, bis sie alles gesteht. Weil sie ohnehin keinen Funken Hoffnung mehr hat. Das ist es. Und darum gönnen sie ihr nicht einmal ein paar Äpfel.«

Die beiden Frauen schwiegen traurig. Lisa hatte atemlos gelauscht und jedes Wort begierig von Mariannes Lippen abgelesen. Jetzt hielt sie es nicht mehr aus. Unvermittelt platzte sie mit ihrer Frage in die Stille.

»Aber sie ist nicht verurteilt?«

Die Zettlerin schüttelte den Kopf. »Nicht einmal das hat er mir gesagt. Er dürfe keine Auskunft geben.«

»Aber wenn er von Ermittlungen spricht«, wandte Anna ein, »dann bedeutet das doch, daß sie nicht weitergekommen sind oder daß wenigstens noch nichts entschieden ist.«

»Ich denke auch. Wir im Kosthaus würden das sonst erfahren. Noch immer liegt Elsas Bündel unter meinem Bett. Außerdem schuldet sie Frau Nebiker noch Geld, das muß sie bezahlen und nicht erst in . . .« Marianne stockte plötzlich.

. . . fünfzehn Jahren, hatte sie sagen wollen, aber auf einmal brachte sie die zwei Wörter nicht mehr heraus. Fünfzehn Jahre, eine unvorstellbare Zeitspanne! Sie selber würde über vierzig sein, eine abgearbeitete Frau, müde – ja vielleicht schon krank. Die Finger würden die Seidenfäden nicht mehr so flink knüpfen, der Lohn nähme langsam aber stetig ab. Bis eines Tages – wer weiß – nur noch das Armenhaus als Weg offenstünde. Fünfzehn Jahre, Elsa ginge dann sogar gegen die fünfzig, wenn sie wieder aus dem Kerker entlassen würde. Nein, nicht auszudenken war das. Der Satz blieb unbeendet in der Luft hängen.

12

Über Elsa erfuhren die Frauen auch in den nächsten Tagen nichts Neues. Die Polizei ließ sich nicht mehr blicken, weder im Kosthaus, noch in der Fabrik. Und nach zwei weiteren Wochen voller Ungewißheit breitete sich unter einigen Arbeiterinnen Mutlosigkeit aus. Die Angeklagte würde schuldig gesprochen. Hätte sie sonst nicht schon längst den Lohnhof verlassen dürfen? Andere – unter ihnen auch Anna und Elisabeth – behaupteten, Gesetzesmühlen mahlten eben langsam. Zwei Monate seit der Verhaftung, das heiße noch gar nichts. Bestimmt aber hätten die Zettlerinnen nichts zu befürchten. Andernfalls wären alle noch einmal verhört worden. So wurden während der Arbeitspausen eifrig Vermutungen und Meinungen ausgetauscht.

In jenen Tagen begann die Hülle um Lisa aufzureißen.

Die enge Verstrickung in Ängste und Zweifel, die ihr zuweilen den Atem genommen hatte. Sie fühlte sich weniger einsam und fremd als in den vergangenen Wochen. Sie bemerkte, daß der Sommer seinem Ende zuging und die Tage kürzer wurden. Abends, wenn sie aus der Fabrik kam, dämmerte es bereits, und es wehte meist ein kühler Wind. Tagsüber wärmte die Sonne die glasklare Luft mit ihren milden Strahlen. Die Wälder hatten sich verfärbt. Das Gelb und Rot der Buchen leuchtete. Im Markgräflerland und im nahen Elsaß fingen die Bauern mit der Weinlese an. Die Dörfer der Umgebung wurden zu beliebten Zielen sonntäglicher Wanderungen. In den Gaststuben wurde der frisch gepreßte Traubensaft, der »Sauser«, geprüft; die ersten fachmännischen Urteile über den zu erwartenden Wein machten die Runde. Blieb am Morgen der Himmel bedeckt, mußte sich Lisa die wärmsten Kleider anziehen. Die Luft war feucht und kühl, bald schon würden sie auch in den Häusern wieder frieren. Mit Unbehagen sah das Mädchen dem bevorstehenden Winter entgegen.

Eines Mittags, als die Sonne nach mehreren unfreundlichen Herbsttagen wieder schien, beschloß Lisa, einer plötzlichen Laune folgend, einen Spaziergang zu unternehmen. Sie folgte der Hammerstraße auswärts und benutzte dann eine der neugebauten Ausfallstraßen. Wie von Riesenhand gezeichnet, durchfurchten diese Werke von Planungsingenieuren die weiten Felder. Noch wirkten die einzelnen Bauten außerhalb der Stadtmauern verloren und einsam, bald würden dort die neuen Arbeitersiedlungen wie Pilze aus dem Boden schießen.

Bei der Klybeckstraße wandte sich Lisa der Stadt zu. Sie grüßte den Wächter des Bläsitors freundlich und ging an der Kaserne vorbei hinunter zum Ufer des Rheins. Einen Moment lang blieb sie stehen und blickte in die reißenden Wassermassen.

Der Regen der letzten Tage hatte den Fluß anschwellen lassen. Nur wenig hätte gefehlt und er hätte wieder die Keller in der Rheingasse überschwemmt und den Ratten den Garaus gemacht. Jetzt stand das Sprudeln und Gurgeln der Wellen in seltsamem Kontrast zum strahlend blauen Himmel.

Auf einmal fiel Lisas Blick auf einen alten Mann. Er drehte ihr den Rücken zu und beugte sich tief über einen bauchigen Holzbottich. Sogleich erkannte sie den Fischer wieder. Ohne zu überlegen, hob sie den Saum ihres Rockes und eilte vorsichtig die Böschung hinunter. Erst als sie direkt vor ihm stand, sah er auf. Er runzelte die Stirn, dann lächelte er.

»Schau an, Carls Mädchen. Wo hast du den jungen Mann gelassen?«

Lisa wußte nicht recht, was sie entgegnen sollte. Wie weit lag jener Abend mit Carl zurück! Sie kauerte sich ins Gras, der Alte schien keine Antwort zu erwarten. Er fuhr fort, mit Schmirgelpapier den Bottich abzuschleifen.

»Deine Tante hat vor kurzem bei mir Fisch gekauft.«

Verblüfft starrte ihn Lisa an. Deine Tante – wen meinte er wohl? Etwa Tante Margareth, aber woher sollte er wissen . . .?

»Da staunst du, nicht wahr. Sie hat mir von ihrer Nichte aus Reigoldswil erzählt. Und als ich sie bat, sie zu beschreiben, wurde mir sofort klar, daß du das sein mußt.« Er lachte.

Lisa fühlte die Röte in die Wangen steigen. Tante Margareth – der Fischer wußte also Bescheid.

»Und was hat sie Ihnen von mir berichtet?«

»Daß du ausgerissen bist, eines Abends, weil du in die Fabrik wolltest.« Er drohte scherzhaft mit dem Zeigefinger. »Ich glaube, sie vermißt dich sehr. Sie hätte deine Hilfe im Haushalt brauchen können.« Und als habe er Lisas Gedanken erraten, fügte er hinzu: »Ich glaube, sie ist dir nicht böse, sie versteht dich. Nur deine Eltern machen ihr offenbar Vorwürfe. Und jetzt, wo eine Kindsmörderin bei euch verhaftet worden ist, sorgt sie sich um so mehr. Hast du die Frau persönlich gekannt?«

Lisa kam aus dem Staunen nicht mehr heraus. Woher er das alles erfahren hatte? In ganz Basel wurde anscheinend über Elsa geklatscht, nicht nur in der Fabrik. Natürlich, das mußte es sein. Und ihre Eltern – einen Augenblick lang packte sie Heimweh. Aber dann antwortete sie auf die Frage des Fischers:

»Wir kennen sie alle . . .«

Und sie erzählte von Elsa und dem Leben in der Fabrik, von den merkwürdigen Gesetzen und den eigenen Ängsten. Die Worte kamen wie ein Sturzbach über die Lippen, als rede sie sich die Qualen der letzten Wochen von der Seele. Sie fühlte, der Alte würde sie verstehen, ihm konnte sie vertrauen. Dennoch verschwieg sie das Wichtigste: Sie erwähnte ihre Verschwörung mit keinem Wort. Wir alle, hatte sie gesagt. Das Wir hatte einen neuen Klang bekommen. Es meinte Anna und Marianne, Susanne und Elisabeth und natürlich Lisa selbst. Sie gehörte nun zu den Zettlerinnen, fühlte sich in ihrem Kreis aufgehoben.

Der Mann hörte ihr schweigend zu. Schließlich brummte er:

»Du hast ja allerhand erlebt. Ich nehme einen Schluck Bier. Und du?«

Lisa lehnte ab. Nein, sie mußte noch in die . . . Sie zuckte zusammen. Du meine Güte, sie hatte die Zeit völlig vergessen. Wie spät mochte es sein? Vergebens hoffte sie auf einen klärenden Glockenschlag von der Predigerkirche oder von St. Martin her. Aber bestimmt war ein Uhr längst vorbei.

Schon raffte sie hastig die Falten des langen Rockes zusammen und wollte davonrennen, als sie plötzlich innehielt. Warum sollte sie sich beeilen? Zu spät kam sie ohnehin. Das bedeutete fünfzig Rappen Buße, sie würde den ganzen Nachmittag nichts verdienen. Und wenn sie einfach krank war? Noch nie hatte sie gefehlt, dabei arbeitete sie bald vier Monate in der Fabrik. Entschlossen setzte sich Lisa wieder hin und versuchte, die ängstlichen Gedanken zu verscheuchen. Und wenn es herauskam?

Der Fischer sagte kein Wort. Er trug den Holzbottich nach oben in den Schuppen und kehrte kurze Zeit später mit einer Bierflasche zurück.

Lange saßen sie nebeneinander. Lisa schloß die Augen. Sie sog die Wärme der Sonnenstrahlen ein. Den ganzen freien Nachmittag hatte sie vor sich. Sie »machte Blauen«, wie die Arbeiter sagten. Es war eben üblich, sich seine freie Zeit selber zu nehmen, wenn man es bei der strengen Arbeit nicht mehr aushielt. Darüber regten sich die Unternehmer vergebens auf. Lisa blinzelte. Die glitzernden Sonnenfunken zogen Fäden auf dem Wasser, ein roter Schein überzog den Fluß.

Plötzlich riß Lisa die Lider auf. Entsetzt sprang sie hoch. Vor ihren Augen verfärbte sich das Rheinwasser. Blutrot schoß es an ihnen vorbei, Schatten von hellerem und dunklerem Rot. Unwillkürlich dachte sie an die biblischen Geschichten aus der Sonntagsschule. War das ein Zeichen Gottes? Kriege und Bluttaten wurden in alter Zeit so angekündigt, der Tod von Tausenden von Menschen.

Der Fischer nahm seine Zigarre aus dem Mund.

»Hast du das noch nie gesehen?«

Lisa schüttelte den Kopf, ohne den Blick von den roten Wellen loszureißen.

»Das kommt von den Färbereien. Die lassen ihre Abwasser in den Rhein. Rot können sie sein, aber auch grün oder blau.«

Das Mädchen starrte ihn ungläubig an:

»Aber das ist doch Gift. Was geschieht mit den Fischen? Ist das nicht verboten?«

»Natürlich sollte es verboten sein. Manchmal schwimmt ein ganzer Schwarm Fische vorbei, bäuchlings nach oben. Und zuweilen hat das Fleisch der gefangenen Äschen eine seltsame Farbe. Aber zu beweisen ist nichts. Und schau, im Rat sitzen genau die selben Herren, die auch in den neuen Fabriken das Sagen haben.«

Lisa fielen die blauen Männer ein, die Färbereiarbeiter in Kleinhüningen. An Geschwüren würden sie sterben müssen. Und nun das hier. Fassungslos sah sie in die trüben roten Fluten. Von der Mitte des Flusses bis zum Großbasler Ufer war noch ein Streifen normalfarbigen Wassers zu erkennen. Nein – das konnte sie nicht verstehen. Was waren das für Leute, die soviel Macht besaßen? Über Elsa konnten sie bestimmen, über sie alle in der Fabrik. Und auch der Fluß gehörte ihnen – sogar der Rhein. Das durfte doch nicht wahr sein, sogar der Rhein.

Der Fischer sah ernst zu ihr auf.

»Ja, wenn du das zum erstenmal siehst. Da verstehe ich dein Entsetzen. Mich wundert es kaum mehr, auch wenn ich mich noch immer nicht daran gewöhnt habe. Aber ich denke, mit dem roten Rhein hängt vieles zusammen. Schau, wie wir Menschen miteinander umgehen. Wie viele nur den eigenen Vorteil im Kopf haben, ohne auf die Umgebung zu achten. Wie der Haß und der Neid viele Handlungen bestimmen. Wo Menschen andere skrupellos ausnützen, herrscht keine Ehrfurcht vor dem Lebendigen. Da muß auch die Natur darunter leiden.«

Der Alte nahm bedächtig einen Schluck Bier. Lisa setzte sich wieder neben ihn auf den Sand.

»Ich weiß nicht, wie lange das noch dauern wird. Vielleicht bin ich schon zu alt und betrachte die Vergangenheit in einem rosigen Licht. Sie reden viel von Fortschritt, und ich sehe den roten Rhein. Sie schwärmen von Reichtum, und ich sehe, wie die Armen zusammengepfercht leben müssen und in der Fabrik krank werden. Aber die Menschen richten heute den Blick starr auf ihr Ziel, ohne nach rechts und links zu schauen. Eine neue Zeit ist angebrochen. Auch mein Sohn hat sich ihr verschrieben.«

»Wie denn, was heißt das?« drängte Lisa ungeduldig.

»Ja, Mädchen, seit Generationen sind in unserer Familie die Männer Fischer gewesen. Dieses Boot hat mein Großvater gebaut, die Söhne haben es gepflegt und ihren Söhnen weitervererbt. Fritz aber hat sich anders entschieden. Mein Junge ist Schreiner geworden, er will etwas von Webstühlen verstehen, um in der Fabrik gutes Geld zu verdienen. Er lächelt über mich, wenn ich ihn warne. Ich kann ihm nichts vorwerfen, vielleicht hat er ja recht. – Magst du?«

Er streckte Lisa die Flasche hin, sie setzte sie mechanisch an die Lippen und trank einen kräftigen Schluck. Das Bier schmeckte schal, der Alkohol stieg ihr sofort in den Kopf.

»Es stimmt, die neue Industrie gibt vielen Menschen ein Auskommen. Einige erhalten Löhne, von denen ihre Großväter nicht zu träumen wagten. Und die Wirte können mehr Bier verkaufen und die Schneider mehr Kleider. Sogar ich könnte reicher werden als je zuvor. Weil viel mehr Leute meine Fische haben wollen. Du, Lisa, hättest vor fünfzig Jahren in Reigoldswil bleiben müssen, hier in der Stadt hättest du keine Stelle bekommen. Und wenn ich zum Käppelijoch hinübersehe, muß ich an Elsa denken. Noch vor hundert Jahren wäre sie für ihr Vergehen hingerichtet worden.«

Der Alte machte eine lange Pause, dann fuhr er fort:

»Nein, eine heile Welt gibt es nur in den Köpfen der Menschen, in den Träumen von der Vergangenheit oder der Zukunft. Wirklich gegeben hat es sie nie, und es wird sie wohl auch nie geben. Wer weiß – vielleicht ist auch die Ehrfurcht vor dem Lebendigen nur ein Idealbild, mein Wunschtraum. Es ist so vieles im Umbruch. Ich glaube, niemand versteht ganz, was jetzt in der Welt vor sich geht. Unsere Nachkommen in hundert oder zweihundert Jahren werden besser über die Veränderungen urteilen können. Aber das rote Wasser – die blutrote Farbe. Ich glaube doch, daß sie ein Zeichen ist, ein unheilvolles Zeichen.«

Lisa saß stumm da. Was hätte sie auch zu dem langen

Vortrag hinzufügen können? Die düsteren Voraussagen des Fischers machten ihr Angst. Der Rhein, Elsas Schicksal und ihr eigenes Leben schienen auf geheimnisvolle Weise miteinander verknüpft. Eingebunden in ein riesiges Gewebe, dessen Muster sie nie erkennen würde. Das nicht einmal der alte Mann neben ihr ganz verstand. Unruhig fuhr sie sich mit der Hand über die Stirn. Noch immer sah sie auf den Fluß. Nach und nach verdünnte sich das Rot, und eine halbe Stunde später glänzte das Wasser wieder in der Sonne. Nur die starke Strömung verhinderte, daß sich die Häuser Großbasels darin spiegelten. Der Spuk war vorbei. Dennoch blieben die beiden nachdenklich sitzen, bis die Sonne hinter den Dächern verschwand und es kühl wurde.

13

Lisa konnte nicht ahnen, daß an jenem Nachmittag die Entscheidung über Elsa gefallen war. Am folgenden Morgen erschien Marianne eine Stunde zu spät in der Fabrik. Atemlos. Sie lehnte sich einen Moment lang erschöpft gegen den Türrahmen des Zettelsaals. Dann holte sie tief Luft und schrie über die Köpfe der arbeitenden Frauen hinweg:

»Elsa . . . sie ist frei . . . sie haben ihr nichts bew . . .«

Die übrigen Worte gingen im Lärm unter. Augenblicklich erhob sich ein wilder Tumult. Alle riefen und lachten durcheinander. Lisa umarmte Susanne neben ihr. Und Anna hatte die behäbige Gertrud um die Hüfte gepackt und tanzte mit ihr übermütig zwischen den Tischen hindurch.

»Wir haben es geschafft, Elsa ist frei, wir haben es geschafft.«

Knecht trat aus seinem Kontor und erbleichte. Zit-

ternd sah er auf das Freudenfest. Er begriff die Welt
nicht mehr. Was war nur in die Frauen gefahren? Zaghaft wagte er einen Befehl, doch Elisabeth, die gleich neben ihm stand, klopfte ihm auf die Schultern und lachte
ihm unbefangen ins Gesicht.

»Ha, sie ist frei.«

Kalter Schweiß trat ihm auf die Stirn. Wenn sich jetzt
der Direktor blicken ließ! Rasch verdrückte er sich durch
die Türe. Im Lagerkeller konnte ihn niemand zur Rechenschaft ziehen.

Auch an den Webstühlen im Nebenraum wurde nicht
mehr gearbeitet. Die Weber drängten sich in die Zettlerei
herein und beobachteten kopfschüttelnd die ausgelassenen Frauen.

Was ist los? Wegen Elsa? Nur weil sie nicht verurteilt
worden ist?

»Die spinnen doch.« Das war Carls Stimme.

Es dauerte über eine halbe Stunde, bis sich die Zettlerinnen ein wenig beruhigt hatten und Marianne erzählen
konnte. Gestern abend spät war Elsa im Kosthaus erschienen. Die Wirtin hatte ihr sofort ihr eigenes Bett an-
geboten. Marianne und die anderen Kostgängerinnen
hatten erst heute früh von der Freilassung erfahren, gesehen hatten sie die Arme noch nicht. »Die braucht jetzt
ihren Schlaf«, hatte Frau Nebiker resolut verkündet.
Mehr wußte auch Marianne nicht zu berichten. Die Arbeiterinnen beschlossen, Elsa nach Feierabend gemeinsam einen Besuch abzustatten. Das mußte doch gefeiert
werden!

Gegen halb acht Uhr, schon dämmerte es, bewegte
sich ein seltsamer Zug durch die Stadt. Eine Gruppe von
rund zwanzig Arbeiterinnen jeden Alters passierte das
Riehentor, ging die Riehentorstraße hinunter und bog in
die Utengasse ein. Erwartungsvoll folgten ihnen mit einigem Abstand weitere Frauen und Männer. Wo immer sie
vorüberkamen, blieben die Leute stehen. Hinter den
Scheiben erschienen fragende Gesichter, trotz der Kälte

wurden da und dort Fenster geöffnet. Verwundert spähten die Kleinbasler den Frauen nach.

Vor einem schmalen dreistöckigen Haus stellten sich die Zettlerinnen auf. Sofort bildete sich um sie ein Ring von Neugierigen, die versuchten, einen Blick zu erhaschen. Lisa schaute sich um und erkannte in den Umstehenden ein paar Weber aus der Fabrik. Nun verschwand Marianne im Haus. Vorsichtig löste Anna das Packpapier von dem Gugelhopf, für den alle etwas aus dem knappen Lohn beigesteuert hatten. Sie bereitete sich auf ihre Rede vor. Voller Vorfreude sahen die Frauen zur Türe und warteten. Schon wurden die ersten unruhig.

Da – Lisa zuckte zusammen. Wer war diese Frau an Mariannes Hand? Sie hatte nur entfernte Ähnlichkeit mit der Elsa, die sie gekannt hatte. Diese hier schien viel kleiner und schmächtiger. Ihr ganzer Körper sah krank und gebrechlich aus. Ihr Gesicht war blaß, fast gräulich. Und die Wangen wirkten eingefallen, die Haare matt und nicht glänzend schwarz wie bei Elsa. Über den Hals zogen sich blaue Striemen. Aus verängstigten Augen sah ihnen die Fremde entgegen. Verwirrt, als versuche sie sich zu erinnern, wo sie die Leute schon gesehen hatte.

In den Mienen der Arbeiterinnen spiegelte sich Entsetzen. Die Fröhlichkeit war wie weggewischt. Was mußte die Arme durchgemacht haben! Sechs Wochen in eine feuchte Zelle gesperrt, ohne rechte Nahrung, bei Wasser und Brot. Dazu die Furcht vor der kommenden Zeit. Und diese Flecken am Hals. Lisa schüttelte sich. Ruth fiel ihr ein, ihr Bericht an jenem Abend beim flackernden Licht.

Anna räusperte sich, sogar sie fand kaum Worte. Freudig und triumphierend hatte sie Elsa im Namen aller Zettlerinnen empfangen wollen. Ihre vorbereitete Rede hätte wie Hohn geklungen.

»Liebe Elsa«, hob sie an, »wir . . . eh . . . haben viel an dich gedacht und . . . eh wünschen dir alles Gute.« Damit drückte sie Elsa ein wenig ungeschickt den Kuchen in die Hand.

Elisabeth hatte sich am schnellsten gefaßt.

»Und wir haben der Polizei vorgelogen, du seist nie schwanger gewesen. Damit sie keine Beweise hat!« ergänzte sie.

Erst jetzt reagierte Elsa, als sei ihr Stichwort gefallen. Verstört blickte sie zu Elisabeth und sagte kaum hörbar, aber mit trotzigem Unterton: »Ich bin nicht schwanger gewesen, ich habe nichts getan.« Und mit einem Blick auf den Kuchen fügte sie mechanisch hinzu: »Vielen Dank. Aber bitte, ich bin so müde. Ich möchte schlafen gehen.«

Sie drehte sich um und ließ die Arbeiterinnen ratlos auf der Straße zurück. Marianne brach als erste das Schweigen.

»Die Ärmste – wenn sie sich nur wieder erholt. Warum haben sie sie so schlecht behandelt. Oh, ich habe eine solche Wut!«

»Und habt ihr die blauen Flecken gesehen? Wahrscheinlich ist sie geschlagen worden«, meinte Susanne düster, »und wer weiß, was für andere Gewalt sie ihr noch angetan haben.«

Lisa dachte an die Polizisten beim Verhör. Ihre schmierige Freundlichkeit, die zweideutigen Anspielungen. Wehe dem, der ihnen ausgeliefert war, in einer dunklen Zelle, fernab von der Welt. Wo die Schreie und das Weinen vieler Gefangener von den dicken Steinmauern verschluckt wurden. Wer würde die Wärter zur Rechenschaft ziehen, wenn sie eine verdächtige Kindsmörderin vergewaltigten? Eine ledige Mutter war in ihren Augen ohnehin eine Hure. Freiwild für jeden. Lisa spürte ein Würgen in der Kehle. Auch Anna neben ihr schluckte schwer.

»Diese Schweinehunde«, murmelte sie immer wieder vor sich hin, »diese Schweinehunde.«

Franziska meldete sich zögernd.

»Wenn Elsa wirklich unschuldig war, haben wir gar nicht gelogen. Und wir hätten ihr nicht helfen müssen.«

Anna hob mit einer heftigen Bewegung den Kopf.

»Oho, glaubst du, daß Unschuld entscheidend ist? Daß die mit ihren Methoden die Wahrheit herausfinden und gerecht urteilen? Die sehen eine Kindsleiche, wo keine ist, wenn sie eine Frau im Gefängnis haben wollen.«

Wider Willen mußte Gertrud lächeln.

»Beruhige dich.« Sie strich Anna mit ihren groben Händen übers Haar. »Ich verstehe deine Wut. Und du hast recht, unsere Aussagen haben Elsa auf jeden Fall geholfen. Wie oft haben Richter sich schon geirrt. Außerdem« – sie senkte die Stimme, so daß die Frauen näherrücken mußten, um sie zu verstehen – »ob Elsa die Wahrheit sagt? Sie hat doch die Tat vor der Polizei immer wieder abstreiten müssen. Vielleicht weiß sie selbst nicht mehr, was sich wirklich abgespielt hat. Elsa ist eine feinfühlige Frau . . . Wie hätte sie die Erinnerung an ein Kind im Kerker anders ertragen können? Zudem geplagt vom schlechten Gewissen. Da gibt es vielleicht nichts anderes, als alles wegzudrängen und zu vergessen. Wir werden es nie erfahren. Aber das ist doch auch nicht mehr wichtig. Jetzt, da sie frei ist.«

»Aber ein wenig dankbar hätte sie sich schon zeigen können«, schmollte Franziska.

»Das sagst ausgerechnet du, wo du doch von Anfang an Feuer und Flamme für unsern Plan warst.«

Einige lachten, Franziska bekam einen roten Kopf.

»Dabei haben wir mehr erreicht, als wir je erwartet haben.« Mariannes Stimme klang traurig. »Wir sprachen immer davon, Elsa vor dem Gefängnis zu retten. Vieles haben wir ihr nicht ersparen können. Aber wir haben mehr getan. Wir haben ihr das Leben gerettet. Oder meint ihr etwa, die zarte Elsa hätte zehn oder fünfzehn Jahre im Kerker überlebt?«

Die Zettlerinnen schwiegen. Natürlich, Elsa hätte umkommen können. Daran hatte keine gedacht. Schon jetzt sah sie krank und gebrochen aus. Und wie lange würde es erst dauern, bis die Wunden der Seele verheilt waren? Bis sie nicht mehr von Angstträumen verfolgt würde?

Auf einmal kamen Lisa Zweifel. Elsa hatten sie helfen können. Aber nur ihr allein. Was geschieht mit all den Frauen, die noch jetzt im Gefängnis sind? Wir kennen nicht einmal ihre Namen. Und vielleicht müssen sie noch viel Schlimmeres ertragen als Elsa. Ja – diese ungerechten Gesetze, sie müßte man ändern. Damit alle Frauen heiraten dürfen und sich über ihre Kinder freuen können. Statt vor jeder Schwangerschaft zu zittern.

Lisa äußerte ihre Bedenken laut.

»Gewiß hast du recht«, Elisabeth packte ihre Freundin energisch am Arm, »aber schließlich können wir nicht die ganze Ungerechtigkeit der Welt auf einmal beseitigen und alles Elend auf unsere Schultern nehmen. Ich denke, für heute genügt, daß wir einem Menschen das Leben gerettet haben. Wenn das kein Grund zum Feiern ist! Am Wochenende beginnt die Herbstmesse. Wie wäre es, wenn wir uns alle dort treffen würden? Vielleicht ist bis dann auch Elsa dabei.«

Die Arbeiterinnen stimmten begeistert zu. Nach und nach zerstreuten sie sich. Auch die neugierigen Zuschauer hatten sich verzogen: Da gab es nichts Interessantes mehr zu sehen.

Elisabeth hielt noch immer Lisas Arm.

»Ich habe mit Hannes und ein paar von seinen neuen Freunden im ›Greifenbräu‹ abgemacht. Kommst du mit?«

Lisa nickte betont gleichgültig. Die anderen sollten nicht merken, daß sie sich freute, Hannes wiederzusehen. Warum, wußte sie nicht genau. Aber sie fühlte sich befangen, wenn sie mit Hannes und ihren Freundinnen zusammen war.

»Ja, warum nicht.«

14

»Hereinspaziert, hereinspaziert!« Die Stimme des süd-
ländisch aussehenden Mannes mit schwarzem Zylinder
und Schnurrbart überschlug sich beinahe. »Meine Damen und Herren, wollen Sie sich die große Sensation der
Basler Herbstmesse entgehen lassen? Treten Sie ein und
staunen Sie. Unsere drei Pudel spielen Ihnen auf dem
Klavier Ihr Lieblingsstück, tanzen Ballett und lösen Re-
chenaufgaben! Ein unvergeßliches Erlebnis, meine Damen und Herren, von dem ganz Basel spricht!«

Der kleingewachsene Schausteller mußte sich unge-
heuer anstrengen, denn gleich nebenan tönte es genauso
laut:

»Dreihundert Artisten, klein, aber fein, zeigen Ihnen
in unserem international bekannten Flohzirkus Seiltanz,
Säbelduelle, Akrobatik und tausend andere Kunststücke
mehr. Keine Angst, unsere Flöhe sind gut erzogen, sie
beißen nicht!«

Der Barfüßerplatz war kaum wiederzuerkennen. Zwischen den unzähligen Buden, Zelten und Messeständen
hindurch wälzte sich eine unüberschaubare Menschenmenge. Groß und klein, jung und alt, alles was Beine
hatte, war heute, am ersten Messesonntag, unterwegs.
Links und rechts kündeten Männer und Frauen mit flin-
kem Mundwerk Sensationen an. Ärmlich gekleidete
Drehorgelmänner mit einem niedlichen Affen oder
einem bunten Papagei auf der Schulter ließen ihre Instru-
mente erklingen. Vor dem »Gingernillisstand« drängten
sich die Kinder. Sehnsüchtig betrachteten sie die Trom-
petchen, Fähnlein, Glasperlen und tausend anderen aus-
gebreiteten Kostbarkeiten. Die Zuckerwarenstände hüll-
ten den ganzen Platz in einen Duft von süßen Waffeln
und warmen Karamellen.

Lisa war von dem verwirrenden Treiben etwas benommen. Sie hielt Ausschau nach ihren Freundinnen. Um
zwei Uhr hatten sie sich beim Karussell verabredet. Aber

wie sollte sie hier jemanden finden? Langweilig wurde ihr das Warten allerdings nicht. Staunend beobachtete sie, wie ein alter Gaul im Innern des Karussells die weißrot glänzenden Holzpferdchen in Bewegung setzte. Eben begann eine neue Runde. Das Gelächter und Gejohle der Burschen und Mädchen wurde immer lauter und ausgelassener. Hoppla – eine Mütze kam direkt auf Lisa zugeflogen. Sie wartete, bis der übermütige Schuljunge erneut im Flug an ihr vorbeigaloppierte, und warf ihm die Mütze lachend zurück. Jemand zupfte sie am Ärmel.

»Endlich finde ich eine von euch.« Susanne hängte sich bei Lisa ein. »Herrlich, die Messe, nicht wahr! Diese Tage sind mir die liebsten im ganzen Jahr!«

»Schau, dort vorne steht Regina, dort, beim Zuckerwarenstand.«

Ein kleiner, vielleicht siebenjähriger Junge zerrte an Reginas Hand und zeigte entschieden auf ein süß duftendes Herz. Er strahlte, als ihm der dicke Lebkuchenverkäufer die begehrte Köstlichkeit in die Hand drückte. Die Augen des Kindes glänzten, es preßte den Schatz fest an sich.

Mutter und Sohn bahnten sich einen Weg durch die Menschenmenge auf das Karussell zu. In dem Moment entdeckte Lisa auch Anna und Elisabeth. Arm in Arm folgten sie einem Straßenmusikanten. Mit seiner Ziehharmonika spielte er die Melodie eines flotten Spottliedes, gleichzeitig bearbeitete ein Schlegel, der an seinem Ellbogen angeschnallt war, die Pauke auf dem Rücken. Dazu erklangen die Glöcklein an seinem Hut. Daß der Musikant ab und zu daneben griff und sich ein falscher Ton in die Melodie einschlich, störte niemanden.

»Na, ihr beiden!«

Susanne rief so laut sie konnte. Beinahe wären die Frauen an ihren Freundinnen vorbeigezogen, ohne sie zu bemerken. Lachend tänzelten sie nun auf die Gruppe zu, drehten sich im Kreis und blieben schließlich stehen. Außer Atem begrüßten sie einander.

»Aber die letzten sind wir nicht!«

Elisabeth deutete nach vorne, wo sich weitere Fabrikarbeiterinnen zum Karussell durchkämpften. Lisa erkannte sofort Gertrud, Franziska, Josephine und Marianne. Nun waren sie alle beisammen. Das Messefieber hatte alle Frauen angesteckt. Anna und Elisabeth begannen erneut zu tanzen, sie zogen Lisa und Susanne mit sich.

»Möchten die Damen nicht einen Blick in die Zukunft werfen?« Eine alte, bunt gekleidete Frau mit riesigen goldenen Ohrringen wandte sich an Lisa und Franziska.

»Für fünf Rappen zeigt euch mein Liebesorakel euren zukünftigen Ehemann.«

Die Frau mit dem runzeligen Gesicht wies auf einen geheimnisvoll aussehenden Guckkasten.

»Ich habe da schon letztes Jahr dreingeschaut, der schöne Jüngling ist jedoch bis heute nicht aufgetaucht!« spottete Elisabeth.

»Dafür aber eine ganze Menge anderer«, warf Anna schlagfertig ein. Schallendes Gelächter erklang.

»Vielleicht möchte Lisa das Liebesorakel befragen? Ich wette, er hat Sommersprossen.«

Wieder lachten alle. Lisa sah weg, als habe sie die Bemerkung nicht gehört. Da entdeckte sie in der Menge Kathrin. Seit jenem Abend in der Villa Sarasin hatten sie sich nicht mehr gesehen. Wie lange das her war!

»Lisa, Lisa!«

Auch Kathrin hatte sie erkannt. Freudig winkend kam sie auf sie zu. Die beiden umarmten sich.

»Du meine Güte, hast du dich aber verändert«, rief Kathrin erstaunt aus und betrachtete Lisa aufmerksam.

»Ich? Wie denn?«

»Ich weiß nicht – doch – noch dünner bist du geworden, und irgendwie erwachsener siehst du aus. Geht's dir gut?«

Lisa nickte nachdenklich.

»Ja, es ist vieles geschehen, seit du mir damals geholfen

hast. Es gäbe einiges zu erzählen, und vielleicht bin ich wirklich anders geworden . . .«

Kathrin trat nervös von einem Fuß auf den andern.

»Bitte sei mir nicht böse, aber Friedrich wartet, und ich möchte ihn nicht verlieren.« Sie deutete über ihre Schulter. Neben dem Zuckerwarenverkäufer stand ein großer, breitschultriger Mann, der mit unwilliger Miene zu ihnen herübersah. »Ich schreibe dir ein Brieflein.« Eilig verabschiedete sie sich. »Er ist der Sohn eines Metzgermeisters«, flüsterte Kathrin hinter vorgehaltener Hand, als hätte er sie sonst hören können, »du verstehst.«

Schon war sie im Gewühl verschwunden. Lisa schüttelte den Kopf und lachte. Ach, die Kathrin.

Und wo waren die anderen? Lisa sah sich um. Daß sie nicht auf mich gewartet haben. Wie soll ich sie nun wiederfinden?

Am Ende der schmalen Gasse zwischen Buden und Ständen hatte ein Bänkelsänger eine Gruppe Neugieriger um sich versammelt. Lisa trat näher und vernahm eine tiefe Männerstimme. Nur auf den Zehenspitzen konnte sie einen Blick auf den abenteuerlichen Sänger werfen. Ein schwarzer Schlapphut reichte ihm tief ins Gesicht, unter seiner zerrissenen Wildlederjacke trug er ein grobes Leinenhemd und um den Hals ein rotes Tuch. Mit einem Stöcklein kommentierte er sein farbiges Gemälde: Eine arme Fabrikarbeiterfamilie saß vor leeren Suppentellern. Hunger und Elend standen den Personen ins Gesicht geschrieben. Während der Sänger in schwülstigen Versen die schreckliche Not schilderte, fixierten seine dunklen, feurigen Augen jeden einzelnen der Schaulustigen. Neben ihm drehte ein jüngerer Mann die Kurbel eines verstimmten Leierkastens. Eine junge Frau in ärmlichen Kleidern verkaufte die Liedertexte. Zwischendurch beruhigte sie den schreienden Säugling, den sie in ein Tuch gebunden vor der Brust trug.

Das Drama näherte sich bereits dem Höhepunkt. Die volle Stimme des Bänkelsängers schwoll mächtig an, und die Orgel drehte schneller und schneller:

»Ach, die Kinder war'n im Keller,
Heulten um ein Stückchen Brot,
Doch das Weib ging in die Küche,
Holte 's Beil und schlug sie tot.«

Durch die Zuschauerreihen ging ein Schauer des Entsetzens.

»Wie kann eine Mutter so etwas tun«, raunte ein gut gekleideter Herr direkt neben Lisa. »Gräßlich!«

Laute Stimmen erhoben sich.

»Abscheulich, so was!«

»Einen Kopf kürzer machen sollte man die.«

»So auf unschuldige Kinder loszugehen.«

»Ein Monster ist das.«

Das Mädchen wandte sich ab. Sicher würde in der Geschichte die Kindsmörderin ihre gerechte Strafe bekommen, und die Zuschauer konnten beruhigt einen Batzen aus dem Geldbeutel klauben. Gesetz und Ordnung hatten gesiegt. Was wußten die schon? Phantasien über die brutale Verbrecherin. Wie weit weg waren sie von der Wirklichkeit! Und die feiste Selbstgerechtigkeit in den Gesichtern, die Gewißheit, so etwas würden sie selber nie tun. Nein – die Grenzen waren nicht so klar. Not und Verzweiflung konnten die Menschen zu vielem treiben. Die Abscheu des vornehmen Herrn: Was ahnte er vom Elend einer schwangeren Frau, die nicht heiraten durfte? Die durch das Kind alles verlieren würde. Im Namen des Gesetzes. Elsa hatte keine Ähnlichkeit mit dem gewalttätigen, beilschwingenden Weib auf dem Bild. Und doch hatte sie vielleicht ihrem Säugling das Leben verweigert.

Lisa spürte einen Arm um ihre Schultern, und eine bekannte Stimme erklang. Sie sah freudig überrascht in

135

das fröhliche Sommersprossengesicht. Hannes' Augen lachten.

»Warum bist du denn ganz allein? Wolltet ihr euch nicht alle treffen?«

»Ich habe die anderen im Gewühl verloren«, erklärte Lisa, »aber die Lust zum Feiern ist mir eben vergangen, nach dieser Geschichte.«

Sie erzählte Hannes in knappen Worten von ihrem Erlebnis. Der ältere Herr von vorhin ging ihr nicht mehr aus dem Kopf. Vielleicht war gerade er einer der Richter, die über Frauen wie Elsa urteilten! Vornehm genug sah er jedenfalls aus. Woher nahmen diese Männer das Recht, über andere zu entscheiden? Wer gab es ihnen?

Auch Hannes wußte keine befriedigende Antwort. Die beiden verließen den Barfüßerplatz, völlig in ihr Gespräch vertieft. Sie beachteten weder die Aufforderungen der grell geschminkten Schießbudendamen noch den gefährlichen Tanzbären an der Leine. Sie stiegen den Münsterberg hinauf zu den bunten Verkaufsständen auf dem weiten Platz vor der Kirche, wo die Händler lauthals ihre billige Ware anpriesen. Erst auf der Pfalz hoch über dem Rhein wurde es ruhiger. Nur ein Liebespaar saß auf einer Bank und umarmte sich innig.

Lisa und Hannes lehnten sich über die dicke Steinmauer. Tief unten erkannten sie die Fähre. Sie pflügte sich mühsam durch die Strömung. Kleinbasel lag ausgebreitet vor ihnen, in der Ferne, jenseits der Stadtmauern, erstreckten sich die weiten Felder bis zum Schwarzwald. Die Höhenzüge verschwammen im grauen Nebel. Eine Weile betrachteten sie schweigend die Landschaft, dann nahm Lisa den abgebrochenen Faden wieder auf:

»Ach, ich begreife das nicht. Wo entstehen solche Gesetze, wer macht sie überhaupt? Und was haben wir Frauen dazu zu sagen? Diese Heiratsverbote und Strafen für Frauen mit unehelichen Kindern treffen doch vor allem uns. Wir werden schwanger und kriegen die Kinder. Welche Frau würde solche unsinnigen Regeln auf-

136

stellen? Gestern ist mir auf einmal eine verrückte Idee gekommen . . . einfach so . . . bestimmt ist sie dumm und töricht . . . aber sie hat mich nicht mehr losgelassen.«

»Was denn, sag schon.«

»Daß die Welt halt anders aussähe, wenn die Frauen mehr mitzureden hätten. Gerade bei Elsa . . .«

»Ha, da bin ich nicht so sicher«, unterbrach Hannes sie sofort. »Nein, wichtig wäre doch, daß die einfachen Leute mitentscheiden könnten, Handwerker, Fabrikarbeiter und Knechte. Und meinetwegen auch Dienstmädchen und Arbeiterinnen, da hast du recht.« Plötzlich schüttelte er traurig den Kopf. »Und doch scheint das nicht zu reichen. Was mich beschäftigt, seit ich hier in Basel bin: Da können sogar die Arbeiter stimmen, und trotzdem leben die armen Leute nicht besser als bei uns. Was braucht es denn noch?«

»Ich wüßte gar nicht, wie ich etwas verändern könnte. Was verstehe ich schon von der Welt? Manchmal wünsche ich mir, besser lesen zu können. Ob Bücher einem weiterhelfen, die Welt zu begreifen?«

»Ja, es gibt solche Bücher, verbotene, die diese Fragen behandeln. Sie behaupten, uns erwarte eine bessere Zukunft . . .« Und nun begann Hannes gegen den düsteren Novemberhimmel ein buntes Gemälde zu entwerfen. Das Bild einer besseren Welt. Er erzählte voller Begeisterung und gestikulierte heftig, als stehe er vor einer riesigen Menge, die er jetzt gleich von diesem Paradies überzeugen mußte. Lisa schien er vergessen zu haben. Sein Blick war in die Ferne gerichtet.

»Eine neue Zeit hat angefangen, die Armen lassen sich nicht mehr alles bieten, wir wehren uns. Es wird sich vieles ändern. Die Herren werden zittern müssen.«

Lisa betrachtete ihren Begleiter skeptisch von der Seite. Sie dachte an die Schwierigkeiten der Zettlerinnen, sich zu einigen. Dabei war es nur darum gegangen, Elsa vor der Polizei zu entlasten. Der Fischer fiel ihr ein mit seinen düsteren Prophezeiungen. Das blutrote Wasser des Rheins. ›Ehrfurcht vor dem Lebendigen‹: Was mochte der alte Mann damit gemeint haben? Wo fing sie an? Hatten sie selber diese Ehrfurcht – oder wie müßten sie sich verändern und alle Menschen mit ihnen? Lisa brummte der Kopf ob all der schwierigen Fragen.

Wieder einmal lachte Hannes unerwartet los.

»Ach, was soll es. Es macht jedenfalls Spaß, sich die Zukunft auszumalen. Schon als kleiner Junge konnte ich stundenlang träumen. Denk nur, wenn wir beide hundert oder hundertfünfzig Jahre später zur Welt gekommen wären. 1950, 1980, 2000 – unvorstellbare Jahreszahlen. Ob wir wohl gleich aussehen würden?«

Verschmitzt blinzelte er Lisa zu.

Seine Fröhlichkeit wirkte ansteckend.

»Ich müßte sicher nicht mehr in der Fabrik arbeiten, oder . . .«, Lisa überlegte kurz, »nicht mehr so lange am Tag, dafür kriegte ich einen höheren Lohn.«

»Und es gäbe zwischen den feinen Herrn und den einfachen Leuten überhaupt keine Unterschiede mehr . . .«, ergänzte Hannes eifrig, doch da unterbrach ihn das Mädchen heftig.

»Auch die Heiratsverbote wären abgeschafft. Keine Frau müßte aus Not ihre Kinder weggeben oder umbringen. Dafür bekämen alle Geld, wenn sie wegen der Schwangerschaft entlassen würden. Das würden die Richterinnen so entscheiden. Die Pfarrerinnen, Ratsherrinnen, Fabrikdirektorinnen, Ärztinnen.« Wie merkwürdig diese Wörter klangen, wie ungewohnt!

»Polizistinnen«, Lisa prustete los. »Stell dir vor, wie die aussehen würden mit den langen Röcken und dem Säbel an der Seite. Und sie würden nachts die Betrunkenen auf ihren Pferden zur Polizeistation bringen.«

Das war nun wirklich undenkbar! Lisa schüttelte lachend den Kopf.

»Aber wenn ich ehrlich bin, machen mir diese Ideen auch ein wenig angst. Das Jahr 2000 – wie Basel dann wohl aussehen wird? Nein – ich möchte in keiner anderen Zeit leben als gerade jetzt.«

»Hm«, Hannes räusperte sich, »du hast recht, mir geht es ähnlich, denn da wäre noch etwas . . .« Er zögerte. ». . . wer weiß, ob wir zwei uns in einer anderen Zeit begegnet wären?«

Er hielt den Kopf zu Lisa geneigt, in seinen Augen leuchtete ein winziger Funken.

»Ja, wer weiß«, wiederholte Lisa mit leiser Stimme. Einen Augenblick sahen sich die beiden an.

Dann nahm Lisa Hannes' Hand.

»Aber wir leben ja hier und heute. Jetzt habe ich wieder Lust zum Feiern. Laß uns zurückgehen. Vielleicht treffen wir unsere Freundinnen noch.«

Inzwischen war die Dämmerung hereingebrochen. Bereits gingen die ersten Lichter an. Vom Münsterplatz her drangen Musik und Stimmengewirr durch den feuchten Nebel, das Fest würde bis spät nachts weitergehen. Hand in Hand verließen die beiden die Pfalz und mischten sich unter die fröhliche Menge.

Nachwort

Lisa hat nicht wirklich gelebt. Auch Anna, Marianne und alle übrigen Personen sind erfunden. Und dennoch ist es eine wahre Geschichte. Oder – sie hätte zumindest wahr sein können.

Der Alltag von Lisa und ihren Freundinnen war die Realität der Großmütter, Urgroßmütter unserer Mütter im letzten Jahrhundert. Sie kamen als junge Frauen vom Land in die Stadt, auf der Suche nach Arbeit. Sie hausten zusammengepfercht in Altstadthäusern, als sie noch nicht sauber und luxuriös renoviert waren wie heute. Als die Räume noch feucht und schmutzig waren und der Abfall in den Hinterhöfen zum Himmel stank. Nach zwölf Stunden härtester Arbeit in den neu entstandenen Bandfabriken zogen sie sich abends dorthin zurück. Dort bei ihren Wirtinnen ließen sie auch den größten Teil ihres sauer verdienten Geldes. Und wenn sie einmal frei hatten, genossen sie übermütig das kleine bißchen Leben. Sie trafen sich fröhlich im Wirtshaus, tranken ihr Bier und hatten ihre Liebschaften.

Die besseren Damen und Herren der Stadt entsetzten sich über das unzüchtige Treiben. In vielen Schriften beklagten sie den lockeren Lebenswandel der Fabrikarbeiterinnen. Sie glaubten sich selber im Besitze der Moral und versuchten die Lebenslust der Frauen zu zähmen. Sittlicher und anständiger sollten sie sich benehmen, so, wie es sich eben gehörte. Mit Hilfe des Gesetzes wollten sie der Liederlichkeit einen Riegel vorschieben. Die Mittellosen sollten nicht so viele Kinder in die Welt setzen. Denn die öffentliche Armenpflege würde letztlich all die hungrigen Mäuler stopfen müssen. Also versuchten die Gemeinden mit finanziellen Auflagen die Heiraten der Ärmsten zu verhindern. So würden weniger Kinder geboren werden und später mit flehenden Augen bei den

Wohlhabenden um ein Stücklein Brot betteln, dachten sie. Doch diese Rechnung ging nur in den Köpfen der Gesetzgeber auf.

Die Wirklichkeit war ganz anders. Elsa hat dies nur allzu deutlich und schmerzhaft am eigenen Leib erfahren. Nicht daß Elsa wirklich gelebt hätte. Nein – aber ihre Geschichte steht für das Schicksal vieler des Kindsmords verdächtigter und deswegen verurteilter Frauen in jener Zeit.

Allein von 1845 bis 1862 wurden in der Stadt Basel über zwanzig Frauen aus ärmsten Verhältnissen wegen Kindstötung vor Gericht gestellt. Weil ihre unehelichen Kinder gleich nach der Geburt gestorben waren. Ein bißchen Luft in den Lungen genügte den Richtern als Beweis, daß die Frauen für den Tod ihrer Säuglinge Schuld trugen. Eine fragwürdige Beweismethode – den angeklagten Frauen aber wurde sie zum Verhängnis. Die meisten verschwanden für lange Jahre hinter den Kerkermauern. Die ärmste unter ihnen mußte im Namen des Gesetzes achtzehn Jahre im Gefängnis verbringen. Mit schweren Eisenketten um den Hals und um Hand- und Fußgelenke. Ob sie die Zeit überlebt hat, wissen wir nicht. Ihr Schicksal wird nur kurz beleuchtet. Die Richter interessierten sich allein für das Verbrechen. Dieses haben sie amtlich beglaubigt und der Nachwelt hinterlassen.

Die Protokolle der Polizei- und Gerichtsverhöre liegen verstaubt in dunklen Kellern, mit alter verschnörkelter Schrift auf inzwischen vergilbtes Papier geschrieben. Dort, in den dicken, schweren Aktenbündeln des Basler Staatsarchivs können wir die Namen von einfachen Frauen nachlesen. Namen, die wir vergebens in den Geschichtsbüchern suchen. Denn sie illustrieren nicht die glorreiche Vergangenheit unseres Landes. Sie passen nicht in das sorgsam gehütete Bild von der freien und demokratischen Schweiz. Jene Frauen gehörten zur großen Masse der Unbekannten, der scheinbar Unwichtigen.

Niemand hat ihre Kindheit aufgeschrieben. Was sollte daran schon bedeutsam sein? Erst durch ein Verbrechen tauchen einzelne von ihnen in den Akten auf, verschwinden aber sofort wieder in der Vergessenheit und Namenlosigkeit. Ihre Lebenswelt (genau) nachzuzeichnen, ist sehr schwierig. Die knappen und oft ängstlich hervorgestoßenen Antworten auf die drängenden Fragen der Beamten lassen den Schmerz und das Leid der angeklagten Frauen nur erahnen. Doch mit dem Blick auf die Gesetzesbücher der Zeit, auf alte Romane, Stadtpläne, Wohnungsuntersuchungen und volkskundliche Studien können wir die einzelnen Informationen wie Puzzlesteinchen zu einem bunten Bild zusammenfügen. Mühsam erfahren wir so einiges über den Alltag und die Biografien unserer Urgroßmütter und Ururgroßmütter. Und auf einmal beginnen wir die Logik ihrer Handlungsweise zu begreifen. Ihre Verzweiflung und Wut, aber auch ihre Wünsche und Träume. Und vor allem ihre Versuche, sich gegen Ungerechtigkeiten aufzulehnen und ihre engen Grenzen zu sprengen.

Wie gesagt – alle Personen dieses Buches sind frei erfunden. Und dennoch ist es eine wahre Geschichte – unsere Geschichte.

Quellen und Dokumente

Im folgenden drucken wir einzelne Ausschnitte aus den vielen Quellen ab, mit denen wir gearbeitet haben. Ihre Unmittelbarkeit und Anschaulichkeit hat uns immer wieder fasziniert. Die originalen Quellen mögen außerdem einen vagen Eindruck vom Handwerk der Historikerinnen und Historiker vermitteln.

Wer gerne noch mehr erfahren möchte über die Realität unserer Urgroßmütter und Großmütter, kann im reich dokumentierten und kommentierten Quellenband von Elisabeth Joris und Heidi Witzig nachlesen: ›Frauengeschichte(n). Dokumente aus zwei Jahrhunderten zur Situation der Frauen in der Schweiz‹ (Zürich 1986).

**Aus den Verhörprotokollen
eines Kindstötungsprozesses 1854/55**
(Gerichtsarchiv HH2, Barbara Stocker, 17. Januar 1855)

Polizeiverhör:

Frage 1: Name etc.
Antwort: Barbara Stocker, 29 Jahre alt, ledig, von Thayingen, Kanton Schaffhausen, Dienstmagd, seit dem Monat Mai bei dem Schuhmacher Eggers, vorher bei dem Posamenter Ruch vor dem Riehentor ein halbes Jahr, vorher in Schaffhausen gewesen; ich war vor drei Jahren in Schaffhausen 2 × 24 Stunden eingesperrt, weil ich ein Kind hatte; sonst bin ich noch nie bestraft worden.
Frage 2: Wo ist das Kind.
Antwort: Bei der Mutter daheim; es ist ein Mädchen.
(. . .)

Frage 4: Was hat es jetzt gegeben mit Euch.

Antwort: Ich habe wieder ein Kind gehabt.

(. . .)

Frage 11: Von wem hattet Ihr das Kind.

Antwort: Ich weiß es nicht.

Frage 12: Etwas Näheres müßt Ihr doch darüber wissen.

Antwort: Als ich noch bei Ruch war, mußte ich zuweilen abends Holz holen in der Säge, da lief mir einer nach und ließ mich nie gehen, bis ich endlich einwilligte, mich auf dem Herrenmätteli mit ihm abzugeben; es geschah zweimal, das zweite Mal gab er mir zwei Thaler; ich weiß nicht, wers gewesen ist.

(. . .)

Frage 16: Habt Ihr irgend jemand etwas davon gesagt, daß Ihr schwanger seid.

Antwort: Nein.

Frage 17: Hat Euch jemand darum gefragt?

Antwort: Ja, meine Schwester, die bei H. Burckhardt-Heussler dient, und Frau Eggers . . .

Frage 18: Warum habt Ihrs ihnen nicht gesagt.

Antwort: Weil ich dachte, ich wolle es so weit als möglich hinausschieben, damit ich nicht fort müsse, da ich daheim doch nichts habe. (. . .) Ich wollte halt die Sache hinausschieben bis nach Neujahr, um wo möglich die Neujahrsgeschenke zu bekommen, die ich sehr nötig gehabt hätte; dann wollte ich in den Spital gehen. (. . .)

Verhör der gerichtlichen Verhörkommission
(drei Männer):

(. . .)

Frage 5: Wann habt Ihr die Schwangerschaft zum ersten Mal gespürt.

Antwort: In der Mitte der Zeit, allein weil mir viel wohler war wie das erste Mal und ich das Kind wenig spürte, so dachte ich nicht, daß es an dem sei.

Frage 6: Andere Leute haben es auch gemerkt.

Antwort: Ja, meine Schwester und meine Hausfrau haben mich deshalb zur Rede gestellt, allein ich sagte, ich glaube es nicht.

(. . .)

Frage 8: Wäre es aber nicht Eure Pflicht gewesen, selbst zu einer Hebamme oder zu einem Arzt zu gehen, oder doch wenigstens Eure Schwangerschaft nicht als eine Unmöglichkeit hinzustellen.

Antwort: Ich habs gewiß sagen wollen, ich wollte nur auf Neujahr warten.

Frage 9: Die ganze Sache läuft also darauf hinaus, daß Ihr aus Furcht, die Neujahrsgeschenke und Euren Dienst zu verlieren, Eure Schwangerschaft und Niederkunft zu verheimlichen gesucht, gleichwohl ob eure Leibesfrucht darunter leide oder nicht.

Antwort: Es ist mir leid.

Frage 10: Wie gieng es mit der Niederkunft zu.

Antwort: Ich gieng des Nachts wie gewöhnlich ins Bett, in einem andern Bett schlief die Nebenmagd. Um ½ 1 Uhr spürte ich zuerst die Wehen und um ½ 2 Uhr war das Kind da.

Frage 11: Hat es gelebt.

Antwort: Das weiß ich nicht, ich habe keine Bewegung gespürt, hätte ich diese gespürt, so würde ich es der Frau gesagt haben, aber ich wollte sie nicht erschrecken, da sie selber hochschwanger war.

(. . .)

Frage 13: Ihr gebt an, Ihr hättet keine Bewegung gespürt, allein es kommen ja eine Menge Kinder scheintodt auf die Welt und es wäre eben Eure Pflicht gewesen, Euch zu vergewissern, ob es lebe oder nicht, und ihm die nöthige Hilfe angedeihen zu lassen.

Antwort: Es ist mir ja leid genug dafür und ich hab eben nichts gespürt und ich selber konnte mich kaum regen und war wie ohnmächtig, und das Kind blieb zwischen meinen Beinen liegen. Endlich um 5 Uhr konnte ich aufstehen, wickelte das Kind in einen Rock und that es in den Kasten beim Bett und bin dann ins Bett und stand zwischen 6 und 7 Uhr auf und verrichtete wieder meine Geschäfte. Es wurde mir aber übel, da heischte ich Tropfen und schaffte das Kind auf den Estrich, und als man in mich drang, so hab ichs eingestanden.

(. . .)

Frage 15: Habt Ihr das Kind mit den Händen heraufgezogen.

Antwort: Nein, ich hab das Kind gar nicht mit den Händen berührt, bis ich aufstand. Es ist von mir gegangen und die Nachgeburt mit.

(. . .)

Frage 34: Es war auf jeden Fall gewissenlos gehandelt, 1stens auf wohlmeinende Ermahnungen hin die Schwangerschaft zu leugnen und dem Rath nicht zu folgen, zum Doctor zu gehen, dadurch hättet ihr die Leibesfrucht geschont, statt daß Ihr die härtesten Arbeiten thatet, die schwersten Lasten truget, aber Ihr wolltet halt auf jede Art die Sache ungeschehen machen.

2tens habt Ihr Euch dadurch verfehlt, daß Ihr auch heimlich geboren und keine Hilfe angerufen, die doch so nahe war und 3tens daß Ihr die Leibesfrucht weggeschafft.

Antwort: Ich habe gewiß nicht auf schlechte Art handeln wollen. Wenn ich gemerkt hätte, daß das Kind lebe, so hätt ichs gewiß nicht gethan, es ist mir recht leid.

Wohnen

»Unsere Stadt (. . .) ist in Bezug auf die Bevölkerungsverhältnisse eine ganz andere geworden, als sie noch vor wenigen Jahrzehnden war (. . .)

Übervolle Abtritte, stinkende Rinnsteine, schlecht angelegte Misthaufen, Schweineställe und eine Anzahl von Hühnern haben wir gewöhnlich als zu einer großen Gesamtschweinerei mitwirkende Faktoren beisammen angetroffen (. . .)

Eines der bestgebauten Häuser der oberen Rheingasse war ursprünglich gebaut und früher immer bewohnt von einer in wohlhabenden Verhältnissen lebenden Familie. (. . .) Als wir zur Zeit der Cholera alle diese Verhältnisse näher kennenlernten, fand es sich nun aber, daß dieser Abtritt im Jahr 1855 von beinahe 50 Personen benutzt wurde, wovon der größere Theil dort an die Kost ging.«

(Aus dem General-Bericht des Cholera-Ausschusses an den Ehrenwerten Kleinen Rath, Basel 1856)

Im Imbergäßlein Nr. 31 in Basel lebten 1887 zwei dreiköpfige Familien, also sechs Personen, in einem Zimmer von 14 m². Im Bericht des Sanitätskommissars heißt es unter anderem:

»Wie es scheint, wird in diesem Zimmer noch teilweise gekocht, es herrscht daselbst einen solchen Geruch, daß es eher einen fürchterlichen, unausstehlichen Gestank genannt werden darf, dem man sich kaum aussetzen kann, wenn man Mund und Nase mit einem Sacktuch verhüllt.«

(Staatsarchiv Basel, Sanitätsakten Imbergäßlein 31. 4. November 1887)

Strafen

»Uneheliche Schwangerschaft ist zum ersten Mal mit einer Geldbuße von Fr. 1–12 oder 1 bis 5 Tagen Einsperrungs- oder Gefängnisstrafe, falls aber die gleiche Person der Bestrafung ungeachtet wieder unehelich schwanger wird, mit einer Geldbuße von Fr. 2–24 oder 3 bis 10 Tagen Einsperrungs- oder Gefängnisstrafe zu belegen, welche Strafen bei fremden Weibspersonen in 1 bis 4jährige Verweisung verwandelt werden können. Ist eine Schwangerschaft vor der Niederkunft nicht angezeigt worden, so wird solches als Erschwerungsgrund angesehen. Fernerer Rückfall unterliegt korrektioneller Bestrafung.«

(Aus der Ehegerichtsordnung für den Kanton Basel-Stadttheil von 1837)

»Wenn eine Weibsperson schon zweimal wegen außerehelicher Schwangerschaft bestraft worden, und sich zum dritten Mal außerehelich schwanger befindet, so fällt sie in eine 6 bis 12monatliche Einsperrungsstrafe, und erhält vor dem Ehrenwerten Bann einen angemessenen Zuspruch. (. . .)

Verheimlichung der Schwangerschaft und Niederkunft (. . .) ist mit Einsperrungsstrafe von 3 Monaten bis 1 Jahr zu belegen, und angemessener Zuspruch vor dem Ehrenwerten Bann zu verhängen.«

(Aus dem Korrektionellen Gesetz von 1824, Basel-Stadt)

Ehebeschränkungen

»VI. Verhinderung leichtsinniger Ehen.

§ 16. Gegen die Heirath eines Gemeindebürgers oder einer Gemeindebürgerin kann die Armenpflege sowohl als der Gemeinderath aus Grund der Unterstützungspflicht Einsprache erheben (. . .)

§ 17. Die Einsprachen sind als begründet anzusehen und ist demnach die Vornahme der Trauung definitiv zu untersagen, wenn die Behörde oder die Person, von welcher die Einsprache ausgegangen ist, den Nachweis leistet, daß die Personen, um die es sich handelt, bei ökonomischer Unvermöglichkeit entweder in körperlicher, geistiger oder in sittlicher Beziehung zur Darstellung eines selbstständigen Familienlebens nicht fähig sein.

Unter diese Vorschrift fallen namentlich auch diejenigen Personen, welche schon für außereheliche Kinder, oder für Kinder aus einer früheren Ehe, oder auch während dieser Ehe für sich selbst Armenunterstützung in Anspruch genommen haben oder endlich selbst auf Kosten der Armenkasse erzogen worden sind, wenn sie sich nicht ausweisen können:

a) entweder über die Rückerstattung des Empfangenen;
b) oder über gemachte Ersparnisse;
c) oder endlich wenigstens durch Vorlage von günstigen Zeugnissen, die sich über einen Zeitraum von einigen Jahren verbreiten.«

(Aus dem Gesetz über das Armenwesen vom 7. November 1859, Baselland)

Gegen ehebeschränkende Verfügungen Beschwerde einzulegen, war selten erfolgreich – die beiden folgenden Briefe geben einen Eindruck davon:

»An den Hohen Landrath des Kantons Basellandschaft
Hoch geehrter Herr Präsident,

Wenn ich mir die höfliche Freyheit nehme mit gegenwärtig ehrerbietiger Zuschrift mich an den Hohen Landrath zu wenden, mit der angelegentlichen Bitte, diesen Gegenstand der näheren Prüfung zu unterlegen wollen, so bitte ich derogütige Entschuldigung.

Da ich nämlich seit geraumer Zeit mit Barbara H . . .

150

aus Rickenbach gleichen Kantons ein eheliches Versprechen eingegangen, dasselbe auch unter allen Umständen zu halten mir vorgenommen habe, so bin ich vor einiger Zeit bei der Tit. Behörde meiner Heimatgemeinde Binningen mit dem Gesuche um die daherige Heiratsbewilligung eingekommen, von derselben aber ohne Angabe der Gründe abgewiesen worden (. . .)

So finde ich mich genöthigt an die Hohe Landesbehörde mit dem oben gestellten Gesuche zu appellieren, mit der inständigen Bitte, mein Gesuch gnädigst berücksichtigen zu wollen und dieß umsomehr als von einer Trennung der Verlobten keine Rede seyn kann, indem dieses gerade von meiner Seite ein schmähliches Benehmen genannt werden könnte, denn meine Verlobte geht jetzt in die 31te Woche ihrer Schwangerschaft und meine ernste Ansicht ist, selbige zu Ehren zu ziehen.

Obgleich nun zwar meine Verlobte schon früher einige uneheliche Kinder gehabt, so kann dieses die Gemeinde Binningen nicht bemühen, oder zur Last fallen, da für selbige die Gemeinde Rickenbach eingestanden ist und auch ferneres noch einstehen wird.

Zwar ist wohl nicht zu läugnen, daß meine Verlobte einmal diese Fehler begangen hat, es ist ihr aber auch von Herzen leid dafür, allein sonstige übrige Vergehen können ihr keineswegs zur Last gelegt werden . . .

4. Juni 1858   Friedrich L . . . von Binningen«

»Hochgeehrter Herr Präsident!
Hochgeehrte Herren Regierungsräthe!

In einem Schreiben vom 8ten Juny abhin frägt das Tit. Statthalteramt Arlesheim die Unterzeichneten an, ob man noch auf der Heiratsverweigerung des Friedrich L . . . verharre. Wir können in dieser Sache nur mit allem Nachdruck die Bejahung aussprechen. Friedrich L. ist eines der liederlichsten und elendesten Subjekte, das nur auf der Welt leben kann. In Folge aller möglichen Laster, findet er auch nirgends ein Domizil. Mit liederlichen Dirnen, gleich der Barbara H . . . von Riggenbach zieht er herum und übernachtet mit derselben in Ställen und Heuschobern, allwo er von der Polizey schon oft aufgefangen und verfolgt wurde. In Folge seiner Liederlichkeit ist er nicht einmal im Stande, sich anständig zu kleiden und seinen Leib gleich Menschen zu ernähren (. . .)

Wir können das wohl begreiffen, daß es der Gemeinde Riggenbach angenehm und recht wäre, wenn sie diese Barbara H . . . ab wäre, indem sie aber ein ähnliches Subjekt ist wie Friedrich L . . . Bereits hat sie 6–7 außereheliche Kinder erzeugt und somit glauben wir auch nicht nötig zu haben, dieselbe noch weiteres zu qualifizieren. Es wird wohl schon aus dem Gesagten einleuchtend genug seyn, daß diese beiden Friedrich L. von Binningen und Barbara H. von Riggenbach auch wenn sie ehlich verbunden wären, niemals im Stande wären, eine Familie oder ein Hauswesen zu gründen, noch viel weniger aber dann sich redlich und gleich Menschen zu ernähren (. . .)

Binningen, den 10. Juny 1858
Der Gemeinderath von Binningen«

(Staatsarchiv Liestal, Heiratsbeschwerden und -anstände, Justiz J 4, Fall 111 und 140)

Weitere Materialien

Folgende Schriften bildeten die wichtigsten Quellen des Buches:
Gerichtsakten des Appellationsgerichts, des Korrektionellen Gerichts, des Kriminalgerichts und des Ober-

Kriminalgerichts Basel-Stadt 1845–62, Staatsarchiv Basel-Stadt (Handschriften)

Criminalgesetzbuch für den Kanton Basel, Basel 1821

Ehegerichtsordnung für den Kanton Basel-Stadttheil, Basel 1837

Göttisheim I., Ueber Kost- und Logierhäuser mit besonderer Berücksichtigung der sanitarischen Verhältnisse menschlicher Wohnungen überhaupt, Basel 1867

Kommission der Schweizerischen Gemeinnützigen Gesellschaft, Ueber die Fabrikarbeiterverhältnisse der Basler Industrien, Basel 1843

Für das Stadtbild der damaligen Zeit:

Kaufmann Rudolf (Hrsg.), Basel. Das Stadtbild nach den ältesten Photographien seit 1860, Basel 1930

Christen/Hofer/Crispini (Hrsg.), Basel gestern und heute aus dem gleichen Blickwinkel, Basel 1986

Weiterführende Literatur:

Badinter Eisabeth, Die Mutterliebe. Geschichte eines Gefühls vom 17. Jahrhundert bis heute, München 1981

Grütter Karin, »Weil ich fürchtete aus der Stadt entfernt zu werden . . .« Kindstötung in Basel um 1850. In: Auf den Spuren weiblicher Vergangenheit, ITINERA Fasc. 2/3 1985, S. 106–119

Kraus Antje, Antizipierter Ehesegen im 19. Jh. Zur Beurteilung der Illegitimität unter sozialgeschichtlichen Aspekten. In: Vierteljahresschrift für Sozial- und Wirtschaftsgeschichte 66, 1979, S. 174–215

Lipp Carola (Hrsg.), Schimpfende Weiber und patriotische Jungfrauen. Frauen im Vormärz und in der Revolution 1848/49. Baden-Baden 1986

Listen der Ohnmacht, Zur Sozialgeschichte weiblicher Widerstandsformen, hrsg. von Honegger C./Heintz B., Frankfurt 1981

Ryter Annamarie, Abtreibung in Basel zu Beginn des Jahrhunderts. In: Die ungeschriebene Geschichte. Historische Frauenforschung. Wiener Frauenverlag, Frauenforschung Bd. 3, Wien 1985

Schulte Regina, Die Kindsmörderin Anna H. In: Journal für Geschichte 1981, Heft 5, S. 20–24

Glossar/Fachausdrücke:

Biet: Schweizerdeutscher Ausdruck für die Gegend um eine Stadt herum. Das Baselbiet zum Beispiel ist das Gebiet um Basel.

Falle: Schweizerdeutsches Wort für Türklinke

Ginggernillis: Baseldeutscher Ausdruck für allerlei Kleinigkeiten, meist wertloser Kleinkram wie Süßigkeiten, Holzperlen, Murmeln, etc.

Haspel: Garnwinde

Im Aargauischen/Im Badischen etc.: Schweizerdeutsche Wendung für unbestimmte Ortsangaben, bedeutet also: »Irgendwo aus dem Kanton Aargau/aus dem Großherzogtum Baden« etc.

Kette: Bezeichnung für die parallelen Längsfäden des Seidenbandes. Die Kette oder der Zettel wird in den Webstuhl eingespannt. Mit den Schiffchen werden dann Querfäden gewoben, wodurch schließlich der Stoff bzw. das Band entsteht.

Posamenter/in: Seidenbandweber/in

Posamenterei: Seidenbandweberei. Seidenbänder waren einst begehrte Luxusprodukte. Sie wurden entsprechend der Mode von reichen Damen an Hüten, Röcken und Blusen etc. getragen. In der Region Basel lebten im 18. und 19. Jahrhundert viele Familien von der Seidenbandweberei. Die meisten waren Heimposamenter, d. h. Frauen, Männer und Kinder arbeiteten zu Hause im Dorf am Webstuhl, den der städtische Fabrikant in die

Wohnstube hatte stellen lassen. Daneben besaßen die meisten Familien ein kleines Stück Land. Dort wurden die wichtigsten Nahrungsmittel, im 19. Jahrhundert vor allem Kartoffeln, angepflanzt.

Zu Beginn des 20. Jahrhunderts kamen die Seidenbänder aus der Mode. Die ganze Seidenbandindustrie geriet in eine Krise. Heute gibt es fast keine Heimposamenter mehr. Niemand will mehr teure Bänder aus Seide kaufen. Die Baumwollbänder für Kleider oder Geschenkpakete werden heute maschinell in Fabriken hergestellt.

Rüsten: Schweizerdeutscher Ausdruck für das Putzen, Schälen oder Schneiden von Gemüse oder Salat

Schifflände: Platz, an dem Schiffe und Boote anlegen können

Schopf: Schweizerdeutsches Wort für Schuppen oder Nebengebäude

Trülle: Ungefähr zweieinhalb Meter hohes achteckiges Gestell von drei bis vier Metern Umfang. Die Trülle wird mit einer Kurbel um eine eiserne Achse gedreht. Dabei verknüpft die Zettlerin die Seidenfäden oben und unten an der Trülle. So werden die Kettfäden hergestellt.

Weidling: Schweizerdeutscher Ausdruck für Schifferkahn

Winderin: Die Winderin leistet die Vorarbeit für Zettlerin und Weber/in. Sie windet die Seide auf kleine Spulen für die Kettfäden oder für die Spulen in den Weberschiffchen. Winden war eine einfache Arbeit und daher sehr schlecht bezahlt.

Zettlerin: Sie stellt den Zettel oder die Kette her. Sie sitzt neben der Trülle und dreht sie. Sie muß nicht nur die Sei-

denfäden von den Spulen abrollen und verknüpfen, sondern auch alle groben Fäden und Unfeinheiten des Sei-
denfadens entfernen und abgebrochene Fäden wieder
zusammenknüpfen. Die Qualität des Bandes, das die/der
Weber/in aus der Kette herstellt, hängt weitgehend von
der sorgfältigen Arbeit der Zettlerin ab.

aare macht Geschichte

Im Jugendbuchprogramm des Aare-Verlages sind weitere spannende Romane für junge Erwachsene erschienen:

Elsa Posell
Olya, die Geschichte einer Flucht aus Rußland.
240 Seiten

Federica de Cesco
Samira (3 Bände zu 256 Seiten)
Die Handlung dieser Freundschaftsgeschichte zwischen Samira und Adon spielt beim Tuaregstamm der Kel Rela.

Liza Ketchum Murrow
Westwärts gegen den Wind
224 Seiten
Die Geschichte eines abenteuerlichen Trecks quer durch Amerika.

Brigitte Blobel
Herzsprung
224 Seiten
Die dramatische Geschichte eines Inzests.

dtv pocket
lesen – nachdenken – mitreden

dtv pocket.
Die Reihe
mit dem
signalroten Streifen
für junge Menschen,
die mitdenken wollen.
Bei dtv junior.

dtv pocket 7899

Gunvor A. Nygaard
Inger
oder jede Mahlzeit ist ein Krieg

dtv pocket 78001

Dieter Schliwk
Sirtak

dtv pocket 78002

Volker Lange
Mahatma Gandhi
Der gewaltlose Rebell

dtv pocket 78003

Inger Edelfeldt
Briefe an die Königin der Nacht

dtv pocket 78004

Hanna Lehne
Wie ein rostiger Nagel im Brett
oder: Die zweite Flucht